KB055194

19
Abnormal Psychology

반사회성
성격장애

신희천 · 신은향 지음

_ 공격적이고 폭력적인 그들

학지사

'이상심리학 시리즈'를 내며

21세기를 살아가는 우리는 급격한 변화와 치열한 경쟁으로 이루어진 현대사회에 적응해야 하는 커다란 심리적 부담을 안고 있다. 이러한 현실 속에서 현대인은 여러 가지 심리적 문제와 장애에 직면하게 될 가능성이 높다.

정신건강에 대한 사회적 관심이 증대되면서, 이상심리나 정신장애에 대해서 좀 더 정확하고 체계적인 지식을 접하고자 하는 사람들이 늘어나고 있다. 그러나 막상 전문서적을 접하게 되면, 난해한 용어와 복잡한 체계로 인해 쉽게 이해하기 어려운 것이 현실이다.

이번에 기획한 '이상심리학 시리즈'는 그동안 소수의 전문가에 의해 독점되다시피 한 이상심리학에 대한 지식을 일반 독자들에게 소개하기 위한 것이다. 이를 위해서 다양한 정신장애에 대한 최신의 연구 내용을 가능한 한 쉽게 풀어서 소개하려고 노력하였다.

'이상심리학 시리즈'는 서울대학교 심리학과 임상·상담 심리학 교실의 구성원이 주축이 되어 지난 2년간 기울인 노력의 결실이다. 그동안 까다로운 편집 지침에 따라 집필에 전념해준 집필자 모두에게 감사드린다. 아울러 어려운 출판 여건에도 불구하고 출간을 지원해주신 학지사 김진환 사장님과 한 권 한 권마다 좋은 책이 될 수 있도록 성심성의껏 편집을 해주신 편집부 여러분에게 고마움을 표한다.

인간의 마음은 오묘하여 때로는 "아는 게 병"이 될 수 있다. 그러나 이러한 우려보다는 "아는 게 힘"이 되어 보다 성숙하고 자유로운 삶을 이루어나갈 수 있는 독자 여러분의 지혜로움을 믿으면서, '이상심리학 시리즈'를 세상에 내놓는다.

서울대학교 심리학과 교수
원호택, 권석만

2판 머리말

　요즘 들어 학원폭력, 왕따, 일진회 같은 말들이 신문과 방송에서 심심치 않게 들린다. '범죄와의 전쟁' 이후 수그러들었던 폭력과 범죄가 다시 증가하고 있으며, 잔인한 폭력과 파렴치한 사기 및 절도를 다룬 기사는 연일 매스컴에 오른다. 어쩌면 우리 사회에서 폭력과 범죄는 이미 일상화되어 있는 것이 아닐까 하는 의구심이 들기도 한다. 이러한 현상을 어떻게 보아야 할까? 심리학적 관점에서는 이러한 폭력과 일탈의 문제를 개인의 특성과 주변 환경에 초점을 두고 다룬다. 딸을 술집에 팔아넘기고는 내 자식 내 마음대로 하는데 무슨 상관이냐고 항변하는 사람을 어떻게 볼 것인가? 이 사람은 보통 사람들과는 다른 성격구조를 가지고 있는 것일까? 반복적으로 범죄를 저지르고, 사회적 규칙을 따르지 못하며, 다른 사람을 속이거나 조종하고, 가족과 직장에 무책임하며, 충동적이고 폭력을 일삼으며, 다른 사람에게 상해를 가하면서도 잘못을 못

느끼고 합리화하는 사람들을 심리학과 정신의학에서는 '반사회성 성격장애'로 진단한다. 이들은 타인의 권리를 무시하거나 침해하는 광범위한 행동양식을 보인다는 점에서 보통 사람과는 다른 성격적인 특성을 가지고 있다.

우리 사회의 범죄와 폭력, 파렴치한 반사회적 행위를 다루기 위해서는 사회적인 접근과 더불어 개개인의 심리적 특성과 주변환경에 대한 이해 및 연구가 이루어져야 한다. 반사회성 성격장애에 관한 국내 연구가 아직 충분하지 않은 시점에서 이 책이 반사회성 성격장애에 대한 이해를 돕고 이러한 장애를 겪고 있는 사람과 그 주변 사람을 돕는 작은 시도가 되었으면 한다.

이 책이 나오기까지 도움을 주셨던 이장호 선생님과 원호택 선생님께 감사드리며, 처음부터 끝까지 염려해 주신 권석만 선생님, 그리고 학지사 이혜진 씨에게도 감사를 드린다.

2017년
신희천, 신은향

차 례

반사회성 성격장애란
무엇인가

1. 사례로 보는 반사회성 성격장애

우리는 어떤 사람들을 반사회성 성격장애자라고 부를 수 있을까? 반사회성 성격장애자들은 공통적으로 어떠한 특징들을 보이는가? 이들은 행동하고 생각하고 느끼는 데 있어서 어떠한 양상을 보이며, 그것이 보통 사람들과 어떠한 점에서 차이가 있는지 알아보자. 먼저, 전형적인 반사회성 성격장애자의 사례를 한번 살펴보자. 다음에 나오는 외국 사례는 B주인공의 비밀보호를 위해 이니셜만 쓴다의 유년기와 사춘기를 아는 사람이 개인적인 경험을 바탕으로 쓴 것이다.

B는 월레스 집안의 셋째 아이였다. 그의 부모님은 B가 9세였을 때 유럽에서 이민을 왔다. 그들은 중산층이 사는 아파트의 위층에 세 들었으며, B의 아버지는 지역 공장에서 일자리를 얻었다. 그의 어머니는 슈퍼마켓에서 파트타임으

로 일했다. 그들이 유럽에서 살았을 때 어떠했는지는 알 수 없다.

B와 그의 형은 금방 이웃 아이들과 친해져서 그들과 함께 야구나 축구를 하기도 하고 해변으로 소풍을 가기도 했다. 형은 그 집단을 이끄는 사람이 되었고, B는 형만큼은 주목받지 못했지만 언제나 활동에 끼여 있었다.

내가 B를 잘 알게 된 때는 바로 이때였다. 나와 B는 같은 나이였고, 다른 대부분의 남자아이는 우리보다 나이가 많았다. 우리는 친구가 되었지만 많은 갈등이 있었다. B는 자신의 방식대로 일이 되지 않으면 싸움이라는 단순하고 직접적인 방식으로 해결하려 하였다. 하루는 마을 공원에서 야구 경기를 하다가 처음으로 B와 싸우게 되었다. 우리는 각자 다른 팀이었고, 2루에서 가까운 위치에 있었다. B가 2루에 슬라이딩해서 들어왔는데 내가 태그해서 "아웃!"이라고 소리치는 순간, B는 나에게 달려들면서 주먹을 날렸다. 비록 그는 싸움에서 이기는 만큼 지기도 했지만, 나를 비롯한 아이들과의 관계에서 싸움은 그의 지속적인 패턴으로 굳어졌다. 나이가 많고 확실히 힘이 센 적수라도 B는 굽히지 않았다.

우리가 함께 지내면서 B를 정말로 '다른 아이'로 여기게 된 것은 그의 공격성 때문만은 아니었다. 점점 심해지는 무모함과 반사회적 행동이 그를 더욱 이상하게 보이게 했다.

이러한 행동은 B가 창문 깨기 시합을 만들었을 때 처음으로 나타났다.

그는 나와 3명의 아이들에게 자기가 요즘 밤에 이웃집을 돌아다니면서 창문에 돌멩이를 던지고 있다고 말했다. 그는 매우 흥분해서 이것이 얼마나 신나는 일인지를 떠벌리면서 그를 잡으려고 나오는 사람들을 자기가 얼마나 쉽게 따돌렸는지를 설명했다. B는 우리 4명과 함께 창문 깨기 시합을 하고 싶어 했다. 그는 더 큰 창문을 깨면 더 많은 점수를 얻는다는 식의 상세한 점수 체계를 세웠고 그날 밤부터 시작하자고 했다. 우리 모두는 동의하고 저녁에 그의 집 앞에서 만나기로 했다.

우리는 계획한 대로 만나서 먼저 주머니를 돌로 가득 채웠다. 곧 시합이 시작되었고, B는 대장 역할을 하면서 우리를 격려하며 점수가 높은 창문들을 가르쳐 주었다. 이 모든 것이 시작되자 나는 매우 불안했다. 나는 온통 '만약 잡히면 어떡하지?'라는 생각뿐이었다. 하지만 B는 나와는 반대로 전혀 불안해 보이지 않았다. 확실히 그는 황홀경에 빠져 있는 것처럼 보였고, 실제로 열광적으로 흥분하고 있었다. 그날 저녁 그가 보인 유일한 부정적인 반응은 나를 향한 것이었는데, 그것은 내가 몇 개의 창문을 그냥 지나치고 난 후에 호주머니를 비우고 시합에서 빠지겠다고 했기 때문이었다.

다른 2명은 B를 따라갔다. 그들도 겁먹은 것처럼 보였지만, 그들은 B를 존경하였으며 그의 비난을 받을지도 모른다는 것이 더 걱정스러운 눈치였다. 나는 그 이후에도 밤마다 열린 그 시합에서 빠졌지만, B는 나에게 결과를 이야기하고 싶어 했다. 몇 달 후에 그는 자기 어머니가 일하는 슈퍼마켓의 큰 창을 모두 깨버리고는 승자가 되었다.

10세가 되면서 B는 창문 깨기 대신 좀도둑질을 통해 주로 재미를 느끼게 되었다. 그와 함께 가게에 있을 때 그가 무언가를 훔치지 않은 적이 한 번도 없었던 것 같다. 그는 자기가 원하는 것이 아니라도 사탕, 과일, 옷, 장난감 등 무엇이든 훔쳤다. 그는 종종 훔친 것들을 버리기도 했다. 그는 실제 물건을 얻는 것보다 훔칠 때의 흥분을 더 재미있어 하는 것 같았다.

그는 돈을 모으는 새로운 몇 가지 방법을 발견하게 되었다. 첫 번째 방법은 로마 가톨릭 교회였는데, 거기에서 쉽게 현금을 얻을 수 있는 2가지가 있었다. 그것은 구제 상자와 기부금 상자였다. 그는 정기적으로 이 둘을 깨끗이 비웠다. 두 번째 방법은 레스토랑의 정원 뒤쪽에 소원을 비는 우물이었는데, 그곳의 수입은 구세군에게로 보내지고 있었다. 그 우물은 쇠살로 덮여 있었지만, B는 손이 들어가기에 충분한 틈을 찾아냈다. B는 2주에 한 번씩 손전등과 긴 막대기를 가지고 밤에 몰래 정원으로 들어가 동전을 적당한 장소로 옮겨서 그것들을 모았다. 또한 그는 정기적으로 여러 이웃집에서 우유 대금을 훔쳤다.[1] 심지어 B는 우리 집에서도 우유 대금을 훔쳤다. 우리 집에서 처음에 돈이 없어졌을 때, 나는 바로 그를 쫓아가 따졌지만 그는 부인했다. 두 번째에는 훔쳤다는 것을 인정했지만 내가 조용히 입 다물지 않는다면 나를 가만두지 않겠다고 협박했다.

마지막 사건은 B와 내가 12세였을 때 일어났는데, 이 일을 통해 B가 우리와 얼마나 다른가를 결정적으로 알게 되었다. 우리 집에서 15분쯤 걸어가면 강이 있었는데, 그 강둑에는 호화스러운 집들이 많이 있었다. 그런데 어느 날 거대한 폭풍우로 홍수가 나서 100명 이상이 비참하게 죽었다. 그 다음 날 아침 일찍 이 뉴스를 들은 B는 그곳으로 갔다. 하지만 B는 얼마나 처참한지를 보러간 게 아니라 다른 계획을 가지고 갔다. 희생자들이 부자였기 때문에 B는 자기가 먼저 시체들을 찾으면 그들의 지갑과 시계, 보석들을 가질 수 있을 거라고 생각했던 것이다. 그는 혼자서 그곳에 갔고, 돌아와서는 자랑스럽게 그의 전리품인 6개의 시계와 수백 달러

---

1 당시 대부분의 집에서는 매일 우유를 배달해서 먹었고, 사람들은 우유 배달하는 사람이 가지고 갈 수 있는 곳에 빈 병을 놓아두었다.

나 되는 지폐를 보여 주었다. 그는 몇 번 더 그곳에 갔다. 이후에 그는 비록 빈손으로 돌아왔지만, 관심을 보이는 누구에게라도 그 경험을 열정적으로 이야기하려고 했다. 그에게는 그가 찾은 귀중품보다 그곳에서 느끼는 흥분과 위험이 더 중요한 것 같았다.

이 3년 동안 대부분의 다른 동네 아이들도 B의 가족생활을 몇 번 보게 되었다. B의 아버지는 자주 직장에서 해고당했다. 그에게는 수개월 이상 한 직장에 있는 것이 어려운 것 같았다. 그는 술도 많이 마셨다. 길에서 공놀이를 하고 있을 때면 그분이 집에 오는 걸 자주 볼 수 있었는데 확실히 술에 취해 있었다. B와 그의 형은 술 취한 아버지를 보면 재빨리 도망을 갔다. 형제는 아버지에게 자주 맞았다고 이야기했는데, 특히 아버지가 술에 취해 있었을 때 많이 맞았다고 했다. B의 아버지는 B가 밤늦게까지 집에 들어가지 않아도 혼내지 않고 내버려 두었는데, 이웃의 다른 아이들은 아무도 부모에게 그런 허락을 받을 수 없었다. B와 그의 형은 아버지가 언제 야단을 치고 매를 때릴지 전혀 예상할 수 없다고 했다. 그들의 부모는 자주 싸웠다. 종종 그들의 아파트에서 나는 고함소리와 쿵쾅거리는 큰 소리 때문에 우리는 놀다가 멈추곤 했다.

B는 결국 그 도시의 하류 계층 지역에 있는 아파트로 이

사를 갔는데, 그곳은 그들이 처음 살던 곳에서 버스로 약 30분 정도 걸리는 곳이었다. B와 나는 더 이상 친한 친구가 아니었지만, 그의 형을 통해 B의 소식을 들었다. 형의 말에 의하면, B의 반사회적 행동 패턴은 점점 더 확대되어 계속 도둑질을 했으며 심지어 그의 가족들의 물건도 훔쳤다고 한다. 또한 그는 종종 무단결석을 했고, 싸움을 말리려는 선생님을 때리는 등 훨씬 더 심각한 문제를 일으켰다고 한다.

형은 B를 몹시 염려해서 몇 번 그에게 이야기를 했다고 했다. 형은 자신이 이야기를 하는 동안 B가 자신이 바뀌어야 된다는 데 진정으로 동의하는 것 같았고, 아주 최근에 한 일들에 대해 부끄러워하고 후회하는 것 같았다고 했다. 그러나 며칠 내에 B는 옛날 패턴으로 완전히 되돌아왔다. 형은 결국 B의 뉘우침을 속임수로 보게 되었다.

그 다음에 B를 만났을 때 우리는 15세였다. 나는 B의 형과 계속 연락을 하고 있었기 때문에 B가 소년원으로 보내졌다는 것은 알고 있었다. 하지만 형은 동생의 행동을 부끄러워해서 그것에 대해 더 이상 말하려 하지 않았기 때문에 자세한 것은 몰랐다. 그런데 어느 날 막 저녁 식사를 마쳤을 때 현관벨이 울렸다. 나가 보았더니 B가 서 있었다. 그는 소년원에서 도망쳐 나온 중이었고, 내게 저녁을 사달라고 하며 돈도 좀 빌려 달라고 했다. 나는 동네 식당으로 가서 그

에게 햄버거와 콜라를 사 주고 나도 콜라를 마셨다. 그는
1년 전에 차량 절도와 강간으로 유죄 선고를 받았다고 했다.

그는 정기적으로 차를 훔쳐서 장난삼아 드라이브를 즐겨
왔으며, 그러다가 특별히 마음에 든 차를 훔쳤는데 그 차를
계속 가지고 있다가 잡혔다고 했다. 그는 차를 훔친 셋째
날, 학교에서 알게 된 12세의 소녀와 함께 차를 타고 가서
인적이 없는 곳에 차를 세웠는데, 거기서 그는 소녀를 강간
했고, 소녀는 그를 신고했다.

B는 이야기를 하는 동안 눈에 띄게 불쾌해했는데, 자신
때문이 아니라 그 여자애 때문에 불쾌해진 것이었다. 그는
단지 재미를 좀 보려고 했을 뿐이며, 특별히 그 여자애를 선
택한 이유는 그녀가 12세밖에 되지 않아서 임신을 할 것 같
지 않았기 때문이라고 했다. 그의 관점에서 보면 그것은 이
상적인 상황이었다. 임신이 불가능하기 때문에 그녀는 단지
즐기기만 하면 되는 것이었다.

나는 B를 다시 보지 못했지만, 그의 형을 통해 그 후 몇
년 동안 그에게 어떤 일들이 일어났는지를 들었다. 우리가
만난 지 몇 주 후에 그는 경찰에 체포되었다. 그는 또 훔친
차를 타고 술에 취해 운전을 하다가 전화부스를 들이받았다
고 했다. 그는 잠시 병원에 있다가 소년원으로 돌아갔고 그
곳에서 2년을 보냈다.

B는 석방되었을 때 많이 변해 있었다. 그의 형이 본 B는 이제 진짜 범죄자가 되어 있는 것 같았다. 차량 절도를 하는 것은 이제 더 이상 장난으로 드라이브를 하기 위해서가 아니라 돈을 벌기 위한 것이었다. B는 도난차량의 부품을 떼어 내어 팔기 시작했다. 잠깐 고등학교에 돌아왔었지만, 친구도 없고 흥미도 없어서 곧 그만두었다. 그는 정기적으로 경마장에 가서 몇몇 마권업자에게 돈을 잃었다. 전에 했던 것처럼 형은 동생에게 앞으로 닥칠 어려움에 대해 이야기했다. 그러나 B에게는 이제 부끄러움과 죄책감을 흉내 내는 것조차 없어져 버렸다. B의 태도는 "나는 내가 원할 때 원하는 것을 가지겠어." 였다. 형이 그의 행동으로 생길 수 있는 부정적인 결과들을 지적하자 B는 단지 어깨를 으쓱하면서 감옥에서 끝내 버리기에는 자기가 너무 영리하다고 말했다.

18번째 생일 직후 B는 38구경 자동소총으로 무장하고 은행털이를 시도했다. 그때도 B는 훔친 차를 운전하고 있었다. 그는 평소에 자기가 꿈꾸던 것이 은행털이라는 것을 알아채자마자 충동적으로 은행을 털기로 결심했다. 그러나 그는 서두르다가 전기회사 사무실을 털게 되었다. 청구서를 지불하려고 출납계원 창구에 줄 서 있는 사람들을 보고서는 은행이라고 착각했던 것이다. 그는 안으로 들어가서 자기가 실수한 것을 알게 되었지만 어쨌든 그곳을 털기로 했고, 출

납계원들에게 현금 서랍을 비워서 자루에 담게 했다. 하지
만 마침 순찰 중이던 경찰에게 바로 체포되었다. 그는 결국
10년형을 선고받았다.

이 이야기는 실화이지만 실제 생활에서 누구나 흔히 볼 수
있는 일은 아니다. 우리는 이러한 사람들을 반사회성 성격장
애자라고 부르는데, 이외에도 사회병질자sociopath와 정신병질
자psychopath라는 용어와 혼동되어 쓰인다.

반사회성 성격장애는 흥미로운 역사를 가지고 있다. 19세
기 초, 피넬Pinel은 광포하지만 다른 증상을 보이지 않는 환자
를 기술하는 데 미친 증후군insane symptoms이라는 용어를 사용
했다. 피넬이 염두에 두었던 사람은 쉽게 화를 잘 내는 귀족으
로 말을 채찍질하고, 개를 발로 차서 죽이며, 하녀를 우물 속
으로 빠뜨리는 남자였다. 1835년 영국의 정신과 의사인 프리
차드Prichard는 통상적인 윤리적 · 법률적 규약을 크게 벗어나
서 일종의 정신이상으로 여겨지는 행동을 설명하기 위한 시도
에서 이 장애를 '도덕적 비정상'이라고 기술했다. 초기의 개념
이 다양한 유형의 괴기한 행동들을 설명하는 데 사용되었기
때문에, 이 진단이 쓰레기통 역할을 하는 진단명칭이 되어서
폭력을 휘두르기 쉬울 뿐 아니라 관습에 어긋나는 행동을 하
는 경향이 있는 사람들까지 포함하기도 하였다. ◆

2. 반사회성 성격장애의 진단

1) 클렉클리의 진단기준

반사회성 성격장애를 이해하기 위해서는 클렉클리Cleckley를 이해하는 것이 중요하다. 1941년 클렉클리는 『건강이라는 이름의 가면The Mask of Sanity』이라는 저서를 통하여 정신병질자 반사회성 성격장애 환자에 대한 총괄적인 임상 양상을 처음으로 기술하였다.

책의 제목이 시사하는 것처럼, 클렉클리는 정신병질에 대해 겉으로는 정신병으로 보이지 않지만 행동이 혼란스럽고 현실과 사회의 요구에 적응하지 못하여 정신병이 표면 아래 숨어 있는 경우라고 하였다. 이들은 피상적으로는 타인들과 관계를 맺을 수 있는 것처럼 보이지만 전혀 책임감이 없고 타인의 감정이나 관심을 고려하지 않는다. 게다가 이들은 경험을 통해 무언가를 배우는 것이 전혀 불가능한 것처럼 보인다. 클렉클리는 심지어 이들이 기본적인 인간성을 갖고 있지 않다고 생각하였다. 관계 형성에 있어 이들의 무책임함과 착취는 가족과 친구들에게 엄청난 고통을 준다. 이러한 관찰을 통하여

 클렉클리의 정신병질에 관한 진단기준

1. 피상적인 매력과 뛰어난 지성을 갖고 있다.
2. 망상이나 다른 불합리한 사고의 증후가 없다.
3. 예민함이나 신경증적 증상이 없다.
4. 신뢰할 수 없다.
5. 거짓되고 위선적이다.
6. 뉘우침이나 부끄러움이 없다.
7. 반사회적 행동을 보이지만 동기가 불충분하다.
8. 판단력이 떨어지고 경험으로부터의 학습이 불가능하다.
9. 병적으로 자기중심적이며 사랑을 할 능력이 없다.
10. 중요한 정서적 반응이 전반적으로 빈약하다.
11. 병식에 특이한 결핍이 있다.
12. 전반적인 대인관계에 있어 반응을 보이지 않는다.
13. 취했거나 그렇지 않은 상태에서라도 환상적이고 혐오스런 행동을 보인다.
14. 자살을 하는 경우는 드물다.
15. 비인격적이고 문란한 성생활을 한다.
16. 생활 계획을 따르지 못한다.

출처: Cleckley(1941).

클렉클리는 이 환자들의 의미 있는 타인들부모나 형제, 가까운 친구
들을 교육시키는 것이 중요한 작업 중 하나라고 생각하였다.

클렉클리의 진단기준 후에 '정신병질자'라는 용어가 수십
년간 선호되었다. 또한 이 환자들이 직면하는 어려움의 원인
이 정신적인 것에 있는 것이 아니라 사회적인 것에 있다는 생
각을 반영하여 '사회병질자'라는 용어가 더러 사용되기도 하
였다. 1968년 DSM-II가 만들어질 즈음해서는 '반사회성 성
격'이라는 용어가 가장 많이 사용되었다.

1980년 DSM-III가 나오면서 클렉클리가 기술한 것으로부
터 상당히 달라졌다. DSM-III의 진단기준은 다른 진단기준들
보다 더 상세하지만, 억압받고 불이익을 당하는 낮은 사회계
층과 연계되기 쉬운 범죄집단이라는 한 부류에 진단의 초점을
맞추고 있었다. 그러나 실제로 재소자들을 대상으로 조사한
결과 반사회성 성격을 보인 사람은 단지 40~50%뿐이었다고
한다.

DSM-III의 또 다른 문제는 이 진단기준이 이론과는 무관하
게 만들어졌기 때문에 죄수들에게서 흔히 발견되는 행동들만
을 묘사했을 뿐이라는 것이었다. 이 환자들이 사랑할 능력이
결핍되어 있고, 병식이 없으며, 뉘우침이나 부끄러움도 없고,
경험을 통한 학습을 할 수 없다는 등의 특성들은 정신역동적
기반 위에 있는 것으로 볼 수 있기 때문에, 이 장애에 대한 클

렉클리의 기술이 성격장애라는 진단의 중심에 보다 더 가깝다고 볼 수 있다. 이러한 비판에 대한 반응으로 DSM-III-R에서는 "뉘우침이 결여되어 있다."는 항목을 진단기준에 추가시키기도 했다.

그러나 하나의 항목을 추가하였다고 해서 진단적 기준에 대한 비판을 변화시키지는 못하였다. 이 기준이 지나치게 범죄행위와 밀접히 관련되며 '정신병질'의 특성을 구성하는 증상들을 반영하지 못한다는 염려와 더불어, 진단기준이 너무 짧고 의미도 너무 복합적이기 때문에 임상에서 사용하기에는 다소 문제가 있다는 주장이 제기되었다. 따라서 진단기준을 보다 단순화하고 정신병질의 추가 양상들을 포함시키기 위한 임상적 시도를 한 결과, 사용하기가 더 편리한 DSM-IV를 완성하게 되었다. 우선 DSM-IV의 사례집에서 발췌한 반사회성 성격장애로 진단할 수 있는 전형적인 환자의 사례를 살펴보자.

수원 팔달산 토막살인 사건의 피의자인 중국 국적의 55세 박춘풍이 재판에 넘겨졌다. 수원지검 형사3부는 이날 살인, 사체손괴, 사체유기 등 혐의로 박 씨를 구속 기소했다.

박 씨는 2014년 11월 26일 오후 2시 21분부터 36분 사이 경기도 수원시 팔달구 매교동 자신의 전 주거지에서 중국 국적의 48세 동거녀 김 모 씨를 목 졸라 살해하고 다음날 오전부터 28일 오후까지 시신을 잔혹하게 훼손, 팔달산 등 5곳에 유기한 혐의를 받고 있다. 박 씨는 같은 해 4월부터 동거해 온 김 씨가 2014년 11월 4일 자신과 다투고서 짐을 싸 집을 나간 뒤 만나주지 않자 앙심을 품고 범행한 것으로 조사됐다.

그는 전 주거지 월세 계약 만료일이 보름가량 남았는데도 김 씨를 살해한 당일 부동산 사무실 직원을 만나 시신을 훼손하기 쉽도록 화장실이 넓은 교동 반지하방을 가계약하고 살해 다음날부터 이틀간 전 주거지와 반지하방에서 시신을 훼손한 것으로 드러났다. 검찰은 또 CCTV 등을 분석한 결과 운전면허가 없는 박 씨가 택시와 버스를 타고 다니며 시신을 유기한 것으로 나와 범행 및 이후 과정에서 제3자의 도움을 받지는 않은 것으로 결론지었다. 대검찰청에서 진행한 통합심리분석에서는 박 씨가 '반사회적 경향을 갖고 있고 일반인 수준 이상의 지능을 보유했다'는 결과가 나왔다. 실제로 별거 중인 박 씨의 부인과 피해자 김 씨의 언니는 검찰에서 박 씨가 "의처증이 심한데다 자주 폭력을 행사했다."고 진술했다. 특히 김 씨의 언니는 "동생이 죽기 일주일 전에 박 씨가 만남을 요구하며 찾아왔길래 동생에게 더 이상 손찌검을 하지 말라고 요구했다."고 했고, 김 씨의 시신에서 폭행으로 인한 멍 자국이 군데군데 발견돼 박 씨의 반사회적 경향을 뒷받침했다.

박 씨는 1996년 밀입국한 뒤 강제 출국당했고, 1998년 11월에는 70세 이 모씨 명의로 된 여권으로 한국에 들어왔다가 2003년 사문서 위조 등 혐의로 추방당했다. 박 씨는 2008년 12월 다시 위명여권을 사용해 한국에 들어온 뒤 수원 지역에 머물며 일용직 노동일을 해 온 것으로 조사됐다.

박 씨는 "대화를 나누다가 갑자기 화가 나 목을 졸랐다."며 우발적 범행을 주장하는 것으로 알려졌다.

펑크 스타일의 머리모양을 하고 앞에 'Twisted Sister'라고 쓰인 티셔츠를 입은 19세의 젊은이 B가 한밤중에 볼티모어에 있는 병원의 응급실에 실려 왔다. 그는 23세의 남자 친구가 데려왔는데 친구가 그 농구선수처럼 죽을 것 같아 코카인 남용으로 죽은 유명한 농구선수를 언급하는 것임 두려워서 구급차를 불렀다고 했다. 환자는 불안정했다. 호흡이 불규칙적이고 빠르며 맥박도 빨랐다. 동공은 확장되어 있었다. 환자의 친구는 마지못해 그들이 그날 저녁 많은 양의 코카인을 사용했음을 시인했다.

환자를 돌보면서 의료진은 환자의 부모와 연락을 시도했다. 하지만 환자는 신분을 증명할 수 있는 어떤 정보도 가지고 있지 않았다. 친구는 주저하다가 결국 부모의 이름과 집

전화번호를 주었다. 환자의 어머니와 전화 연결이 되었지만, 정상적인 상태가 아닌 것으로 보이는 환자의 어머니는 아들의 심각성을 잘 이해하지 못했다. 이야기를 한참 나눈 후에야 그녀는 마침내 병원에 오기로 했다. 병원 측은 그녀의 정신 상태가 걱정스러워 그녀를 데려오기 위해 경찰차를 보냈다.

어머니가 도착했을 때쯤 환자인 B의 상태는 약간 좋아졌다. 그러나 여전히 크게 노래를 부르고 들썩이며 응급실을 소란스럽게 만들고 있었다. 단정치 못하고 술 냄새를 풍기는 어머니는 B의 모습에 당황하였고, 얼굴은 눈물로 범벅이 되었다. 그녀는 집에서의 B의 문제에 대해 횡설수설하면서 이야기를 해 주었다. B는 순종적이지 않고 권위적이고 적대적이며 가족활동에 참여하기를 꺼린다고 했다.

그녀는 B가 절도로 2번, 음주운전으로 한 번 체포되었으며, 대부분의 시간을 자기보다 나이가 많은 사람들과 함께 보낸다는 이야기를 했다. 그녀는 그들에 대해 "그들은 자동차 경주를 자주 벌이며 거리에서 서성대곤 해요."라고 말했다.

15년 전에 이혼한 어머니는 가정에 안정적인 아버지의 존재가 없기 때문에 B를 훈육하는 것이 매우 어려웠다고 하였다.

그녀는 B가 친구에게 약물에 대해 말하는 것을 들었기 때문에 B가 약물을 할 것이라고 의심했었다. 그러나 직접적인 증거가 없었다. 그녀는 B가 나쁘기만 한 것은 아니며 매우 좋은 학생이고 농구팀에서는 심지어 스타라고 주장했다 사실 B는 매우 성공적으로 자신에게 그리 관심이 많지 않은 어머니를 자신이 좋은 학생이라고 믿게끔 속인 것뿐이었다. B는 고등학교조차 졸업하지 못했고 성적도 형편없었으며 학교 농구팀에서 뛰어본 적도 없었다.

B는 24시간 내에 신체적으로 상태가 호전되어 말을 하고 싶어 했다. B는 거의 자랑조로 자신은 13세 이후부터 술과 향정신성 약물들을 사용해 왔다고 말하였다. 처음에는 술과 마리화나만을 사용하였다. 그의 집에서 술을 쉽게 구할 수 있고 이웃에서 마리화나를 팔고 있었기 때문이었다. 고등학교에 진학한 B는 나이가 많고 경험이 많은 약물사용 집단과 어울리기 시작했다. 사용하는 약물의 종류와 등급은 대개 쉽게 구할 수 있느냐의 여부와 가격에 의해 결정되었다. 그러다 17세가 되었을 때 B는 정기적으로 술과 마리화나와 각성제와 코카인의 여러 조합을 사용하고 있었다.

1년 동안 여러 약물을 섞어 써 오다가 코카인을 주로 사용하는 것으로 굳어졌다. B는 약물뿐 아니라 친구와 함께 하루에 각각 한 상자씩의 맥주를 마신 경험들을 이야기했다. 마약 파티는 종종 '허리케인 자동차 경주대회'라고 불리는 위험스런 경주로 이어졌는데, 이 경기는 취한 참가자가 갓길에서 운행을 하다가 누군가가 맞은편에서 오는 차를 피할 때까지 계속되었다. B는 마약을 심하게 사용하는 동안에는 약물 때문에 학교를 밥 먹듯이 빠졌다. B는 학교에 있을 때는 대체로 취해 있었다. 또한 쉽게 약물을 사용하기 위해서 돈을 벌기 위한 여러 계획을 고안하였다. 그 방법에는 절대로 갚지 않을 것이면서 친구에게 돈을 빌리는 것과 학생 주차장에서 카오디오를 훔치는 것, 어머니에게서 돈을 훔치는 것이 포함되었다. 이 행동들은 로빈훗 태도로서 정당화된다. "나는 어쨌든 많은 돈을 가지고 있는 사람들로부터 돈을 훔친다."

B는 심각한 약물 사용에 대해서는 고백했지만 자기의 진짜 문제를 고백하지는 않았다. 약물 사용을 통제할 수 있는 능력에 대해 질문하자 B는 적대적으로 이렇게 대답했다. "물론 할 수 있다. 아무 문제도 없다. 나는 단지 멈추어야 할 아무런 이유도 발견하지 못할 뿐이다."

B는 약간 당황하여 성급하게 인터뷰를 끝내겠다고 말했다. 인터뷰한 사람이 더 나아가서 치료법을 찾는 것에 대해 물을 기회도 없이 B는 담배를 가진 사람을 찾으며 병원 건물이 울리도록 고함치기 시작했다.

2) DSM-5의 진단기준

『정신장애의 진단 및 통계 편람 제5판Diagnostic and statistical Manual of Mental Disorders(5th ed.): DSM-5』이 새로 출간되며 반사회성 성격장애에 대한 진단기준에 약간의 변화가 있었다.

반사회성 성격장애라는 진단명은 DSM-IV-TR부터 사용되었고, DSM-5에서도 역시 반사회성 성격장애라는 용어를 사용하고 있다.

DSM-IV	DSM-IV-TR	DSM-5
반사회성 인격장애	반사회성 성격장애	반사회성 성격장애

진단목차에서는 부수적 특징 및 장애 부분이 진단과 관련된 특징으로 바뀌었고 DSM-IV에서는 특정 문화, 나이 및 성별 특징을 묶어 설명했으나, DSM-5에서는 문화-관련 진단 쟁점과 성-관련 진단 쟁점으로 각각 목차를 개별적으로 두어 설명하고 있다. 경과, 가계 양상, ICD-10 진단기준과의 관계에 대한 목차가 사라진 대신 발달과 경과, 위험요인과 예후요인이 새로 사용되었고 유병률과 감별진단은 변함없이 사용되고 있다.

DSM-IV	DSM-IV-TR	DSM-5
• 진단적 특징	• 진단적 특징	• 진단적 특징
• 부수적 특징 및 장애 (associated features and disorders)	• 부수적 특징 및 장애 (associated features and disorders)	• 진단과 관련된 특징 (associated features suppporting diagnosis)
• 특정 문화, 나이 및 성별 특징	• 특정 문화, 나이 및 성별 특징	• 유병률
• 유병률	• 유병률	• 발달과 경과
• 경과	• 경과	• 위험요인과 예후요인
• 가계 양상	• 가계 양상	• 문화-관련 진단 쟁점 (issue)
• 감별 진단	• 감별 진단	• 성-관련 진단 쟁점
• ICD-10 진단기준과의 관계		• 감별 진단

　　진단기준에서 변경된 내용은 이전 판에서는 항목 D에서 반사회적 행동이 정신분열증이나 조증 삽화 경과 중에만 나타나는 것이 아니라고 명시된 반면, DSM-5에서는 조증 삽화가 양극성 장애 경과 중에서만 나타나는 것이 아니라고 명시되었다는 것이다.

DSM-IV	DSM-IV-TR	DSM-5
D. 조증 삽화 경과	D. 조증 일화 경과	D. 양극성 장애의 경과

나이에 대한 명시도 DSM-IV-TR부터 만 나이를 사용하는
것으로 변경되었다.

DSM-IV	DSM-IV-TR	DSM-5
18세, 15세	만 18세, 만 15세	만 18세, 만 15세

진단내용 부분에서는 큰 변화가 없었으나 DSM-5에서 다
른 진단명에 대한 내용도 변경되면서, 가계 양상에서 신체화
장애, 물질관련 장애라고 사용된 용어가 위험요인과 예후요인
목차에서 각각 신체 증상 장애, 물질 사용 장애로 변경되어 사
용되고 있다.

DSM-IV	DSM-5
가계 양상에서 '신체화 장애'라는 용어가	위험요인과 예후요인에서 '신체 증상 장애'로 변경
가계 양상에서 '물질관련 장애'라는 용어가	위험요인과 예후요인에서 '물질 사용 장애'로 변경

현재 진단도구로 가장 널리 쓰이고 있는 DSM-5의 반사회
성 성격장애의 진단기준을 통해 반사회성 성격장애자에 대해
살펴보도록 하자.

반사회성 성격장애의 필수 증상은 생활 전반에 있어 타인

의 권리를 무시하거나 침해하는 것으로, 이는 소아기 또는 사춘기에 나타나기 시작하여 성인기까지 지속된다. 앞에서도 언급했듯이 이런 성격은 정신병질, 사회병질, 비사회적 성격장애로 명명되기도 하였다. 속임수와 조종이 반사회성 성격장애의 주요 특징이기 때문에 체계적인 임상적 평가와 주변에서 모은 정보를 종합하는 것이 중요하다.

이 진단이 내려지기 위해서는 연령이 적어도 만 18세 이상이 되어야 하며, 만 15세 이전에도 몇 가지 품행장애의 증상이 있었던 과거력을 갖고 있어야 한다. 품행장애conduct disorder의 행동 특징은 다른 사람의 기본 권리를 침해하고 나이에 적절한 사회규칙의 준수를 지속적으로 하지 않는 것으로 사람이나 동물을 학대하는 것, 재산의 파괴, 사기 또는 절도, 심각한 규칙 위반 등을 증상으로 한다.

반사회적 행동양식은 성인기까지 지속되고 법의 테두리 안에 있는 사회적 규칙을 잘 따르지 않는다는 데 특징이 있다. 이들은 타인의 소망, 권리, 감정을 무시하고 자신의 이득이나 쾌락을 위해서 자주 타인을 속이거나 조종하기도 한다. 또한 거짓말, 사기, 변명, 꾀병을 보이기도 한다. 충동성은 미래에 대한 계획을 세우지 못하는 양상으로 나타난다. 이들은 불안정하고 공격적이며 반복적으로 신체적 싸움이나 폭력행위를 저지르는 경향이 있고, 여기에는 배우자 또는 자녀의 구타도

포함된다. 또한 자신이나 타인의 안전을 전혀 고려하지 않는
다. 이들은 심각한 위험을 초래할 수 있는 성적 행동이나 약물
남용에 빠지기도 하며, 자동차의 속도를 과도하게 높여 잦은
사고를 내기도 한다. 또한 자녀를 보살피는 일을 등한시하며
자녀를 위험에 빠뜨리기도 한다.

  이들은 지속적으로 그리고 극단적으로 무책임하다. 경제적
무책임 경향은 채무의 불이행, 자녀 부양이나 다른 피부양자
부양의 실패 등에서 나타난다. 이들은 자신의 행동의 결과에
대해 거의 자책하지 않으며, 타인에게 상처를 입히고 학대하
며 도둑질을 하고도 무관심하거나 얄팍한 합리화를 하기도
한다. 또한 이들은 완전한 무관심을 드러낸다. 이들에게 자신
의 행동을 보상하거나 교정하는 일은 일반적으로 가능하지
않다. 이들은 모든 사람이 '제1인자를 돕기 위해' 노력해야
하며, 괴로움을 당하지 않기 위해서는 무슨 일이든지 다 해야
한다고 생각한다. 반사회적 행동이 조현병이나 조증 경과 중
에만 나타나는 경우에는 반사회성 성격장애라고 진단하지는
않는다.

  그러나 이렇게 DSM 체계의 진단기준이 개선되었음에도 문
제의 여지는 남아있다. 비록 새로운 기준에 정신병질적 특성
이 분명히 나타나고 있으나, 이는 정신역동적인 면이라기보다
는 행동적인 측면을 반영하고 있다. 실제로 역동적인 것으로

알려졌던 '과장되고 거만한 자기평가'라든지 '정서적으로 부족함' 같은 항목들은 최종적으로 선택되지 못하였다.

한편, 반사회성 성격장애라는 진단명칭과는 별도로 임상 현장에서는 정신병질이라는 용어를 종종 사용한다. 정신병질자라는 용어는 DSM-5의 반사회성 성격장애의 진단기준에는 들어있지 않은 특정한 정신역동적 혹은 생물학적 양상을 의미하는 진단용어로 자리잡고 있다. 하지만 임상가나 연구자들에 따라 정신병질의 강조하는 특성이 다소 다른 것이 사실이다. 혹자는 감정이입이 전혀 일어나지 않으며 정서적인 애착보다는 힘의 강함에 기초를 둔 가학-피학적 상호관계를 가지는 인물을 기술하는 데 이 용어를 사용하였다. 또 다른 임상가는 "충동장애로서 나중의 결과보다는 현재의 즉각적인 불안 해소가 더욱 중요한 상태"로 정신병질을 특징짓기도 하였다. 이러한 정신역동적 견해는 DSM-5의 반사회성 성격장애 기준을 만족하지 않으면서도 정신병질자로 진단할 수 있으므로 임상적으로 유용하다고 할 수 있다. 이와는 반대로 DSM-5의 반사회성 성격장애 기준을 만족하는 경우에는 정신병질자가 될 수 없다.

요약해 보면, 반사회 성격장애자들은 겉보기에는 똑똑해 보이고 말도 합리적으로 하지만, 신의가 없고 성실성이 결여되어 있다. 반복적인 반사회적 행동의 동기 또한 모호한 것이 특징이다. 또한 자기중심적이고 다른 사람의 입장에서 생각하

반사회성 성격장애의 진단기준 (DSM-5; APA, 2013)

A. 만 15세 이후에 시작되며, 다음과 같이 타인의 권리를 무시하고 침해하는 광범위한 행동 양상이 3개(또는 그 이상)에 해당하는 경우

1. 합법적 행동에 관한 사회적 규범을 따르지 못하고, 구속당할 수 있는 행동이 반복적으로 나타남
2. 개인적인 이익이나 즐거움을 위해 반복적인 거짓말을 하거나, 가명aliases을 사용하며, 속임수conning와 같은 사기deceitfulness를 침
3. 충동적이거나 사전 계획을 세우지 못함
4. 반복되는 신체적 싸움이나 폭력으로 드러나는, 흥분성(자극성)과 공격성
5. 자신이나 타인의 안전을 무시하는 무모성
6. 일정한 직업을 갖지 못하거나 재정적 책무를 다하지 못하는 것으로 드러나는 지속적인 무책임성
7. 타인에게 상처를 입히거나, 학대, 절도 행위를 하고도 무관심하거나 합리화하는 것으로 드러나는 자책의 결여

B. 적어도 만 18세 이상이어야 한다.

C. 15세 이전에 품행장애가 발생했다는 증거가 있어야 한다.

D. 반사회적 행동이 조현병이나 양극성 장애의 경과 중에만 만 나타나는 것이 아니다.

거나 느끼지 못한다. 깊은 대인관계를 형성하지 못하며 가끔 남을 위하는 체하지만 깊은 정서관계를 맺지 못한다.

이들은 어릴 때부터 비행, 무단결석, 규칙 위반, 거짓말 등 반사회적 행동을 이미 보여왔으며, 자라서도 직업에서의 실패, 범법행위, 가정에서의 무책임, 폭력행위, 성적 문란, 채무 불이행, 거짓말, 무모한 행동, 문화예술 파괴행위 등을 반복적으로 보인다.

이들은 불안해하거나 우울해야 할 상황에 처했을 때도 전혀 불안하거나 우울해하지 않는다. 때로는 자살 위협을 하기도 하지만 실제 자살기도는 드물다. 이 장애를 가진 남성에게서는 흔히 문신과 자해의 흉터를 볼 수 있다. 그 밖에도 타인을 교묘하게 조종하여 자기 뜻대로 움직이게 하고, 약물남용이라든지 문란한 성생활을 하는 것을 볼 수 있다. 반사회성 성격장애를 지닌 사람들을 주인공으로 한 영화들에서 반사회성 성격장애자들의 특성을 살펴볼 수 있다.

핏물로 보이는 검붉은 자국들이 얼룩진 바닥과 벽들, 하수처리가 되어 있는 고기 도축장 같은 창고에 피투성이의 여성주연이 피를 흘리며 비닐 포대에 누워 있다. 방수 작업복을 입은 사내경철가 주섬주섬 연장들을 챙기며 다가와 그녀를 물끄러미 내려다본다. 그러고는 그녀의 피부를 고기

덩어리 만지듯 만지작거리면서 중얼거린다. "살결이 보들보들해서 힘들지는 않겠다." 뭔가 중요한 작업에 착수하려는 듯 익숙하게 칼날을 고르며 행동하는 남자에게 그녀가 힘겹게 말한다.

"아저씨……, 안 죽이면 안 돼요?"

(남자 무덤덤하게 여자를 바라보며) "왜?"

(남자와 시선을 마주치며, 호소하듯 울먹이며) "아저씨, 살려주세요. 아이가 있어요……."

그녀의 말이 끝나기 무섭게 무표정한 얼굴로 남자가 칼을 내리치고 화면은 암전된다.

잠시 후 붉은 액체가 하수구로 흘러내리는 장면이 화면에 포착된다.

얼마 후 주연은 변사체로 발견되고 소식을 듣고 달려온 가족들과 수현은 오열한다. 그리고 수현은 주연을 떠나보내고 돌아오는 길에 복수를 다짐한다.

– 영화 〈악마를 보았다〉中

주인공인 경철은 반사회성 성격장애자의 특성을 적나라하게 보인다. 타인의 목숨을 쉽게 여기고 스스로의 안전을 돌보지도 않는다. 피 흘리며 고통스러워하면서도 자신의 몸을 돌보기보다는 곧 분노로 이글거린다. 고통을 이기기 위해 술을 마시고, 운전을 하며, 위험천만한 행동을 불사한다. 프로이트가 말한 죽음의 본능타나토스은 삶의 본능만큼이나 강렬하다. 이것은 파괴의 본능이기도 하다.

양심이나 죄책감, 책임감 등은 찾아볼 수도 없고 동정이나 연민도 없이 살인 기계처럼 움직이며, 기쁠 때나 슬플 때나 분노할 때, 심지어는 자신의 몸에서 피가 뚝뚝 떨어지는데도 어이없는 웃음을 흘리는 그의 정서에는 인간이 인간으로서 느끼는 감정 따위는 그저 사치스러운 것에 불과하다.

상대의 고통에 공감할 수는 없으나 상대가 얼마나 고통스러워하고 힘들어할지를 알기에 그의 살인 게임은 언제나 즐거운 쾌락일 수밖에 없다. 즉, 인지적인 측면의 마음 읽기는 가능하지만 정서적 측면의 공감 능력은 전무하기에 상대에게 가학적인 행위를 하면서 즐거움을 느낄 수 있다는 얘기다.

영화 〈분노의 윤리학〉에서 문소리선화 역는 가면을 쓰고 평범하게 살아가면서 반사회성 성격장애의 섬뜩한 모습을 보여준다. 서로 죽고 죽이며 피를 흘리는 범죄의 장소에 그녀가 모습을 나타냈다. 고급스럽고 세련되게 꾸미고 높은 하이힐을 신은 그녀는 자신의 구두에 불순물이라도 묻을까 조심하면서, 아무렇지도 않게 피를 흘리며 누워 있는 사채업자의 입을 물티슈로 틀어막으며 하는 말이 인상적이다. "어차피 병원에 가도 살 수 없을 거예요." 그녀는 피도 눈물도 없이 물티슈로 자신의 손을 닦고, 유유히 왔던 길을 또각또각 걸어 나간다.

예부터 이런 사람들을 '금수보다 못한 놈'이라고 비난하면서도 '인간이 어찌 이럴 수 있는가, 그래도 그들도 인간인데 열심히 교화시키면 변화될 수 있지 않을까' 하는 기대를 해 보기도 하지만, 쉽지 않은 일이다. 사람은 그리 쉽게 변화하지 않는다. 더군다나 '인격장애'를 가진 사람들, 특히 반사회성 성격장애자는 범죄행위로 인해 구속을 당하거나 법적제재를 받는다 하더라도 이를 별로 개의치 않는 것처럼 보인다.

다음 L의 일생을 통해 반사회성 성격장애자의 특징을 살펴볼 수 있다.

21세의 젊은이 L은 전혀 범죄형이나 야비한 방종자로 보이지 않는다. L은 육체적으로 대단히 강건해 보이고 또 실제로도 그렇다. 그의 태도와 외모는 아주 매력적이어서 그가 뻔뻔스럽다거나 기만적인 어떤 태도를 가지고 있으리라고는 전혀 생각할 수가 없다. 그는 검사자가 그의 지난 경력에 대한 자료 증거를 가지고 있다는 것을 알고 있음에도, 잠시나마 그가 그것들을 모두 설명해 낼 수 있을 것이라는 인상을 들 정도다.

이 침착한 젊은이가 직면한 문제는 심각했으나 그렇다고 엄청나게 큰 것은 아니었다. L의 가족과 사법 당국은 L에게

서 어떤 정신적 문제가 발견된다면 L이 절도죄로 감옥 신세
를 지는 것을 면할 수 있으리라고 기대하고 있었다.

L의 적응장애의 증거는 어릴 적부터 뚜렷했다. 그는 믿을
만하고 남자다운 친구로 비추어졌으나 일을 맡길 만하거나
어떤 상황에 대해서 솔직하게 설명해 줄 수 있다고 기대되지
는 못했다. L은 꾀를 부려 자주 학교를 빠졌다. 또한 부유한
환경에서 자랐음에도 종종 아버지가 키우는 병아리 중 몇 마
리를 훔쳐서 시내의 가게에 팔곤 했으며, 때로는 은수저가
없어지곤 했다. 종종 L이 그 물건들을 싼값에 팔아 버리거나
그에게 특별히 이익이 되거나 가치로운 것으로 보이지 않는
잡동사니들과 바꾼 사실들이 드러나곤 했다.

고등학교 때는 꾀를 부려 수업을 빠지고 다소간 목적 없
이 방황하였다. 때때로 가축을 죽이거나, 교외에 있는 공중
변소에 불을 지르거나, 만화책을 읽거나, 비디오방을 어슬
렁대거나, 공원의 다람쥐에게 돌을 던지거나, 작은 절도나
사기를 저지르면서 다니곤 했다. L은 종종 가게에서 물건을
사면서 아버지 이름으로 외상을 하곤 했으며, 담배나 캔디
나 음료수 등을 훔치기도 했다. 그리고 그럴 때마다 L은 너
무나 그럴 듯하고 침착하게 거짓말을 했고 기발한 알리바이
를 고안해 냈다. 너무나도 간단하고 침착하게 모든 책임을
부인해 버렸기 때문에, 여러 해 동안 그의 진짜 성격은 과소

평가되어 왔다. L은 종종 작은 집단과 어울리기도 했지만, 결코 오랫동안 그 자신을 같은 명분을 가진 다른 사람들과 동일시한 적은 없다.

운전을 배우고 나서 L은 거의 정기적으로 자동차를 훔치곤 했다. L이 훔친 차를 팔려고 시도한 것을 알게 되자 L의 아버지는 상담자에게 L을 의뢰하였고, L이 자동차에 대한 특별한 열망을 가지고 있다는 전제하에 치료의 수단으로 L에게 한 대를 사 주었다.

한번은 L이 일부러 자기 차는 주차시켜 두고 자기 차보다 훨씬 못한 차를 훔쳐서 약간 흠집을 내고는 마을의 변두리에 버려두었다. 또한 수표에 아버지의 이름을 위조하고, 돈이나 칼 등을 훔치곤 했다. 가끔씩 마을 사람들의 개나 소를 자기 것으로 속여서 팔기도 했다.

L은 먼 도시에 있는 시설에 보내졌다 그곳에서는 잘 만들어진 교정 프로그램이 이루어지고 있었다. 그는 곧 이곳에서 그의 지나간 잘못들을 고백하고 새로운 미래에 대해 설명함으로써 당국을 감동시켰다.

L은 가까이에 있는 항구에서 직장을 찾았다. 그리고 이제부터 갈 길에 대해 피력하며 겸손하면서 설득력 있게 말해 나갔다. 그의 고용주는 처음에 그가 활력 있고 똑똑하고 일에 대해서 분명히 열정적일 것이라고 생각하였다. 하지만

곧 설명할 수 없는 무책임의 증거가 발견되어 쌓여 갔다. 종종 그는 며칠간이나 일터에 나오지 않았고 간단하지만 설득력 있는 이유로 결근을 둘러댔다. 설명들은 점점 자세하고 교묘해져 정말 사실인 것처럼 느껴졌다. 그 후에 그는 종종 일터를 떠나서 몇 시간 동안 아무 일도 하지 않았으며, 그 시간에는 일하고 싶지 않다는 말 말고는 다른 말은 하지 않은 채 자신의 행동에 대한 이유를 제시하지도 않았다.

그는 거의 50번 내지 60번 정도 체포되었다. 만약 그의 가족들이 그의 작은 절도나 손상과 파괴 등에 대해서 보석금을 내지 않았다면 거의 대부분의 시간을 감옥이나 구치소에서 보냈을 것이다.

때때로 그는 행락지에서 소동을 일으키고 싸움을 촉발하거나 공공적인 소동을 일으킬 만한 횡포를 부리는 등 골치 아픈 행동을 하여 체포되곤 하였다. 자주 술을 마시거나 인사불성이 되도록 마시지는 않았지만 맥주를 조금만 마시고도 전에 없던 비사회적인 태도나 행동을 보이곤 했다. 한 선술집의 난투에서 그는 상대를 쇠뭉치로 때리기도 했다.

L의 어머니는 몇 년 동안 그의 가출 때문에 심한 걱정과 스트레스로 고통받았다. L은 시내에 물건을 사러 가거나 영화를 보러 간다고 나가서는 며칠이나 심지어는 몇 주 동안 나타나지 않곤 했다. L은 결코 다른 사람에게 상당한 애정을

키워 본 적이 없다.

그는 성적으로도 매우 난잡했다. 1년인가 2년 전에는 유
명한 창녀와 결혼하였다. 그는 (영리적인 이유로) 친구들이
나 그가 알게 된 사람들과 하루 저녁 동안 그녀를 공유하기
도 했다. L은 얼마 지나지 않아 그녀를 떠났다. L은 그녀에
대한 아무런 수치심이나 원통함도 보이지 않았고, 그녀에
대한 어떠한 책임감도 보이지 않았다.

이 사례에서 보듯이 반사회성 성격장애자들은 일상적으로
거짓말, 사기, 절도를 저지르는 경우가 많다. 그들은 그러한
행동의 결과로 따르는 징계나 벌을 피하고자 애쓰지만, 실제
로 처벌의 위협이 반사회적 행동을 중단시키는 효과를 보지는
못한다. 반사회성 성격장애자들은 세련된 사회적 기술과 서글
서글한 매력을 풍기는 경우가 많으며, 이러한 개인적 매력은
다른 사람을 다루고 기만하는 데 사용되므로, 이들은 종종 사
람들을 조작하는 기술의 대가이기도 하다.

이들의 반사회적 행동은 갑자기 생기는 것이 아니라 좀 더
어린 시절의 잔인한 공격성, 파괴를 즐기는 행동, 남을 속이거
나 규칙을 위반하는 행동 등으로 나타난다. 다음 절에서 이들
반사회성 성격장애자들의 어린 시절 행동과 심리적 상태를 살
펴볼 수 있다. ◆

3. 청소년의 품행장애

1) DSM-5의 진단기준

DSM-5에서는 반사회성 성격장애의 진단기준이 만 18세 이상으로 되어 있다. 그러면 만 18세 이전에 반사회적 행동을 보이면 어떻게 진단하는가? 청소년의 반사회적 행동에 대해서는 성격장애로 분류하지 않고 품행장애라는 용어를 사용한다. 품행장애는 소아의 행동이 반복적이고 지속적으로 다른 사람의 기본 권리를 침해하거나 나이에 맞는 사회적 규범이나 규율을 위반하는 것을 말한다. 이런 행동은 최소한 6개월 동안 지속되어야 품행장애의 진단을 내릴 수 있다.

품행장애는 갑자기 발병되지 않는다. 시간을 두고 서서히 여러 가지 증상이 발생되다가 결국은 다른 사람의 권리를 침해하는 정도까지 가게 된다. 발병 연령을 보면 남자의 경우 여자보다 더 어린 나이에 발병한다. 품행장애의 진단기준에 맞는 증상을 보이는 나이는 대개 남자는 10~12세 사이이고 여자는 14~16세 사이다.

품행장애는 여러 형태로 공격적 행동을 표출한다. 공격적·반사회적 행동으로서 약자를 괴롭히고 신체적 공격을 자주 하며 친구들이나 동물에게 잔인한 행동을 한다. 어른에게 욕설도 잘하고 반항적이며 적대적이고 건방지며 불복종적이다. 이들은 이런 행동을 숨기려 하지도 않는다. 학교 결석, 성적 비행, 흡연, 음주, 약물남용은 일찍부터 시작된다. 지속적인 거짓말, 잦은 가출, 배회, 야만적 행동도 흔하다. 심지어 부수고 훔치며 강탈하고 패싸움하며 폭력을 행사하기도 한다. 특히 자기보다 작고 약한 사람에게는 더욱 난폭하다. 또한 상대방 어른의 인내심을 시험하는 듯한 행동을 하여 상대방을 화나게 한다.

이들은 다른 사람과 사회적 애착관계를 가지지 못하여 친구도 없고 고독하며, 있더라도 피상적인 관계일 뿐이다. 겉으로는 강하고 거친 듯 보이지만 내심 열등감이 있다. 이기적이라서 타인의 느낌이나 욕구 또는 안녕에 대해 관심이 없다. 따라서 죄책감이나 후회도 없고 문제가 있을 때는 남을 탓한다. 하지만 처벌은 이들의 그런 행동을 감소시키기보다 좌절과 분노에 대한 잘못된 표현만 증가시켜 행동을 더 악화시킨다.

공격적인 품행장애 아동은 정신과 면담을 할 때에도 비협조적이고 적대적이며 치료자를 자극하고 약올린다. 또한 자신의 행동을 감추고 부인한다. 면담에 응하더라도 나쁜 행실을 정당화시키거나 변명하려 하고 치료자에게 화를 내거나 뛰쳐나가기도 한다.

불량집단 구성원이 된 아이들은 나이에 맞는 친구관계를 가지고, 자기들끼리의 느낌이나 욕구와 안녕에만 관심을 가지며, 그들을 비난하거나 고발하지 않으려 한다. 또한 집단에 충성하기도 한다.

이들의 과거력에서는 학업성적이 불량하거나 경미한 행동문제, 불안, 우울 등의 증상이 흔히 발견된다. 가정에 문제가 있으나, 그래도 과거 환자가 어릴 때 어머니와의 관계가 다소 따뜻했거나 보호적인 또는 지나친 보살핌을 받았던 때가 있을 수도 있다.

품행장애는 소아기와 청소년기에 상당히 흔한 질병으로, 미국의 경우 18세 이하 남자의 6~16%, 여자의 2~9%에서 나타난다고 추정된다. 남자가 여자보다 훨씬 많으며 여자 한 명당 남자에게서는 4~12명이 품행장애를 보였다. 또한 일반 부모의 자녀보다 반사회성 성격장애나 알코올 의존이 있는 부모의 자녀에게서 품행장애가 더 빈번하게 발생한다. 행동장애와 반사회적 행동의 유병률은 사회경제적 요인과 밀접한 관련이 있다.

품행장애의 진단기준 (DSM-5; APA, 2013)

A. 다른 사람의 기본권리나 나이에 적합한 사회규준이나 규율을 위해하는 행동 양상이 반복적이고 지속적으로 있으며, 다음 항목 중 3개(또는 세 개 이상)가 지난 12개월간 있으면서 최소한 한 항목은 지난 6개월 동안에 나타난다.

사람과 동물에 대한 공격
1. 자주 다른 사람을 못살게 굴거나 협박하거나 겁먹게 한다.
2. 자주 싸움을 건다.
3. 다른 사람에게 심한 신체 손상을 줄 수 있는 무기를 사용한다(예: 야구방망이, 벽돌, 깨진 병, 칼이나 총).
4. 사람에게 신체적으로 잔인하게 대한다.
5. 동물에게 잔인하게 대한다.
6. 피해자와 대면한 상태에서 도둑질한다(예: 노상강도, 소매치기, 강도, 무장강도).
7. 다른 사람에게 강제로 성행위를 하게 한다.

재산 파괴
8. 심각한 파괴를 일으킬 의도로 일부러 불을 지른다.
9. 다른 사람의 재산을 고의로 파괴한다.

사기 또는 절도
10. 다른 사람의 집, 건물 또는 자동차를 파괴한다.
11. 물품이나 호의를 취득하거나 의무를 피하려고 자주 거짓말을 한다.

12. 피해자와 마주치지 않은 상황에서 귀중품을 훔친다(예: 물건을 사는 체하면서 훔치기, 문서 위조).

중대한 규칙 위반

13. 부모가 금지하는데도 자주 외박을 하며, 이는 13세 이전부터 시작된다.

14. 부모나 대리부모와 같이 살면서 최소한 두 번 이상 가출이나 외박을 한다(또는 한 번 가출해서 장기간 귀가하지 않는다).

15. 무단결석을 자주 하며, 이는 13세 이전부터 시작된다.

B. 행동장애가 사회, 학업 또는 직업 기능에 중대한 지장을 초래한다.

C. 18세 이상이면 반사회성 성격장애의 진단기준에 맞지 않아야 한다.

2) 품행장애의 요인

아동의 반사회적 행동과 품행장애는 단일요인으로 발생하는 것은 아니고 여러 가지 요인이 관여한다. 여기에는 부모 요인, 심리적 요인, 교육적 요인, 사회문화적 요인, 신경생물학적 요인 등이 있다.

(1) 부모 요인

문제가 많은 부모의 태도와 잘못된 육아 방법이 자녀의 잘못된 행동을 일으킬 수 있다. 즉, 무질서한 가정환경이 품행장애나 비행과 관련성이 높으며, 결손가족 그 자체가 원인이 된다기보다는 부모 사이의 불화가 중요한 요인이 된다. 부모의 정신과적 장애, 즉 사회병질, 알코올 의존, 약물 의존, 아동학대 및 태만 그리고 가족 내 에이즈 등이 품행장애와 관련이 많다. 최근의 연구 결과에서 품행장애 아동의 부모들 중 대부분이 심한 정신질환을 앓고 있다는 보고가 있다. 또한 대개 품행장애 아동은 부모가 원치 않았던 아이인 경우가 많다. 정신역동적으로 품행장애는 부모의 반사회적 욕구를 아이가 행동화한 것이라고 해석된다.

(2) 심리적 요인

무질서하고 태만한 부모 밑에서 자란 아동은 점차 화를 잘 내고 파괴적이며 요구가 많아지고 성숙한 대인관계 형성에 필수적인 좌절감에 대한 인내력이 제대로 형성되지 않게 된다. 또한 역할 모델이 불충분하고 자주 바뀌므로 자아 이상과 양심이 건강하게 형성될 수 없다. 따라서 이들은 사회규범을 따르고자 하는 동기가 결여되고 비교적 양심의 가책도 받지 않는다.

(3) 교육적 요인

장기간에 걸쳐 폭력적 환경에서 신체적 학대를 많이 받고 성장한 아동은 공격적 성향을 갖는다. 자신의 기분을 말로 표현하기 어려우니 폭력으로 대신 표현하게 되는 것이다. 또한 지나친 경계심을 갖게 된다. 그리고 이로 인한 폭력이 다른 사람의 권리를 침해하는 것으로 나타난다.

(4) 사회문화적 요인

근래의 이론에 의하면 사회경제 수준이 낮은 가정의 아동에게서 품행장애가 많이 보인다고 한다. 이는 빈곤 계층에 속한 아동들은 정당하게 사회적·경제적 욕구를 성취할 수 없으므로 비정상적인 수단을 쓰기 때문이라고 해석될 수 있다. 이런 행동은 사회경제적으로 결핍된 계층의 사회 내에서는 용납되는 경향이 있기 때문에 용이하게 표출될 수 있다.

(5) 신경생물학적 요인

품행장애의 신경생물학적 요인에 대한 연구는 거의 없는 편이다. 그러나 최근 연구에서 소수에게 혈청 내 도파민 수산기dopamine-hydroxylase의 수치가 낮다는 것이 밝혀졌다. 또한 품행장애가 있는 소아범죄자의 혈중 세로토닌의 수치가 일반 아동보다 높다는 보고가 있다. ◆

4. 반사회성 성격장애의 특성

환경이 비슷함에도 어떤 사람은 사회화되기도 하고 어떤 사람은 범죄자가 되기도 하는 것을 보면, 이것에 영향을 미치는 개인의 특질들이 있다는 것을 가정해 볼 수 있다. 즉, 왜 위험요소가 있는 가정들 중에서 단지 일부의 아이만이 반사회적이거나 폭력적인 행동들을 하게 되는지에 대해서는 기질이 어느 정도 설명해 줄 수 있을 것이다. 예를 들면, 부모행동에서 다양한 차이를 통제했을 때에도 비행 청소년들은 유아기 때부터 이미 다루기 힘들었으며 짜증을 더 많이 냈다는 보고가 있다.

그러면 아이들을 까다롭게 하고 사회화되기 힘들게 만드는 기질적 특질들이 무엇인지 알아보자.

• 대담성

무서움을 느끼는 선천적 차이는 중요하다. 충동적으로 어떤 일을 했을 때 처벌을 받게 되면 다음에 그 일을 하게 될 때 두려움이 생기게 된다. 그런데 그 정도에는 차이가 있다. 다음의 사례를 통해서 무서움을 느끼는 데 대한 선천적인 차이를 볼 수 있다.

C는 로스앤젤레스 중서부의 폭력조직의 회원이었다. 그곳에서 그는 '몬스터'라고 알려져 있었다. C는 지금 7년형을 선고받고 북캘리포니아 감옥의 독방에서 복역 중이다. 1993년에 나온 그의 자서전은 편집이 거의 필요 없었다. 왜냐하면 그는 낮은 교육수준에 비해 지적이고 눈에 띌 정도로 달변가였기 때문이다. C는 12세 때에 처음 폭력조직에 가입했고, 그날 밤 그는 그의 첫 번째 희생자를 총으로 쏘았다. 몬스터라는 이름은 C가 10대 초일 때 습격했던 희생자가 반격하려 하자 상대를 피범벅으로 만들어 놓았기 때문에 붙여진 별명이다.

C의 어머니는 21세 때 휴스턴에 살고 있었으며 2명의 아이를 가진 과부였다. 그녀는 LA에서 온 33세 남자를 만나서 결혼하였다. 결혼생활은 불안정했고 난폭하였으나, C의 어머니는 이후에도 4명의 자녀를 더 출산하였다.

C의 어머니는 부지런히 일했으며, 주로 바텐더 일을 했다. 중하류층에 속하는 그녀의 가족과 잡다한 동물들은 침실이 2개 딸린 집에서 살았다. 가까운 곳에는 깡패들이 있었으며, 큰형은 고등학교 때 그들과 잠시 어울렸다. 어느 날 그는 가죽 점퍼를 훔치다가 잡혀 청소년 구류소에서 하룻밤을 보냈는데, 그 경험이 그에게 영향을 미쳐 다시는 깡패조직에 가입하지 않았다.

하지만 C는 달랐다. C는 언제나 겁 없는 악마였다. 그의 여동생은 그에 대해 "그는 파괴를 일삼는 귀찮은 방해자였다." "당돌하고 사나웠으며 궤변에 능했다."라고 했다. 또한 그의 형은 "그는 겁이 없었어요."라고 말했다. C는 거리에 나무로 된 경사대를 세워 놓고 자전거를 최고 속력으로 몰아서 장애물을 뛰어넘고는 했다. "다른 사람이라면 아무도 그렇게 못했을 겁니다. 하지만 그 애는 그렇게 했습니다."라고 그의 형은 말했다.

똑똑하고 근육질이며 모험을 좋아하고 겁 없던 C에게 만일 친아버지가 지도하고 영감을 불어넣어 주었더라면 프로 운동선수가 되었을 것이다. 아니면 권투선수나 정치가 혹은 군인, 심지어 우주비행사가 되었을 수도 있다. 그러나 C는 정신병질자의 고전적인 예가 되었다.

앞의 사례에서 C의 형제들은 C가 어릴 때 전혀 겁이 없었다고 했다. 여러 명의 사례를 통해 어릴 때 무서움에서의 개인차를 확인할 수 있으며, 그것은 시간이 지나도 상당히 안정적이다. 선천적 무서움의 정상분포에서 아래 끝부분에 있는 아이들은 전형적이고 잘 사회화되어 있으며 양쪽 부모가 다 있는 가정에서 자라난다 할지라도 정신병질자의 증상을 보일 수 있다. 20~30개월 된 아이들의 집단에서 수줍음을 타는 그룹이 약 30%였고, 억제되지 않고 다소 겁 없는 그룹이 약 30%였다. 5년 후에 다시 분류했을 때에도 거의 비슷하게 분류되었다.

이러한 선천적인 개인차는 부모가 아이를 잘 양육하면 수정이 가능할 수도 있다. 하지만 숙련된 부모의 개입이 없을 때는 개인차가 '유전자와 환경의 능동적 상관성'이라는 과정을 통해 더 커지게 된다. 무서움이 많은 아이는 안전하고 자극이 없는 환경을 찾게 되기 때문에 더 무서움이 많아지고, 겁이 없는 아이는 더 큰 위험을 찾아다니므로 더 겁이 없어지게 되는 것이다.

• 공격성

언어적 또는 신체적 공격을 가하는 경향성에서 공격성의 개인차는 아주 뚜렷한데, 이것은 여러 문화에서 동일하게 나타난다. 8~10세에 공격적인 성향을 가진 아이들은 폭력적인 청소년이나 폭력적인 성인이 되기 쉽다. 한 연구에 따르면, 부모가 8세의 자녀에게 보이는 공격성과 나중에 아이가 자라서 보이는 공격성 간에는 .65의 상관이 있다고 한다. 이것은 공격성이 가족의 영향을 받는다는 것을 증명하는 것으로, 그 이유는 공격성의 유전자 때문일 수도 있고 아이가 공격적인 모델을 보고 자랐기 때문일 수도 있다.

전통이나 종교성 그리고 근본적인 사회화와 관련이 있는 특질들이 그런 것처럼 공격성도 유전적 요소에 영향을 받을 뿐만 아니라 가정환경의 영향도 받는 것 같다. 한편, 공격적인 아이는 부모의 간섭에 짜증을 내거나 무력적인 방법으로 강압적인 반응을 하기가 쉬운데, 이렇게 되면 대부분의 부모는 아이에게 꾸준한 강화를 주기가 어려워 아이에게 적절한 사회화 과정이 생기는 것이 어려워진다.

공격성을 통제하기 위한 신경생리학적 시도가 발표되기도 한다. 과연 공격성을 약으로 고칠 수 있을까?

인간의 폭력성을 통제하는 약을 언젠가는 개발할 수 있을 것으로 영국 과학자들이 전망했다. 버밍엄 대학교의 과학자들은 『신경과학지』 최근 호에서 인간의 공격성을 통제하는 3개의 뇌 화학물질을 찾아냈다고 밝혔다. 이 중 한 가지 신경전달물질은 우울, 불안, 돌연한 공포와 관계있으며,

이 물질을 소량 주입한 쥐의 공격성이 감소되었다고 한다. 그 밖의 2가지 물질은 산화질소와 산으로, 쥐에게 실험을 한 결과 산화질소는 뇌의 공격성을 감소시키고 산도 뇌의 활동을 저지시키는 것으로 밝혀졌다.

• 충동성과 감각추구

반사회성 성격장애자의 특질 중 하나는 충동성과 감각을 추구하는 것이다. 충동성과 감각추구라는 특질은 과잉 활동적이라고 불리는 어린이들에게서 잘 살펴볼 수 있음에도 그러한 연구는 거의 이루어지지 않았다.

1987년에 새터필드Satterfield는 6∼12세의 아동들을 대상으로 과잉 활동적으로 진단된 실험집단과 통제집단을 함께 연구하였다. 연구 대상인 아이들은 모두 로스앤젤레스 주에 살았다. 연구 결과 18세가 되었을 때 과잉 활동적인 아이들의 47%가 한 가지 이상의 심각한 범죄행위로 체포된 반면, 통제집단에서는 7% 정도만 체포되었다. 또한 실험집단의 25%가 공공시설에 수감된 반면, 통제집단에서는 1%만이 수감되었다. 새터필드는 캘리포니아 소년당국에 회부된 소년들의 60% 이상이 어렸을 때 과잉 활동적이었을 것이라고 추측했다.

과잉 활동성과 관련된 뇌파EEG나 다른 신경학적 이상을 보이지 않으면서도 과잉 활동적인 행동을 보이는 소년들이 가장

예후가 나쁜데, 이들은 사춘기 때 반사회적 행동을 한다고 한
다. 이것은 의사들이 과잉 활동적이라고 진단하는 많은 소년
이 발달적으로나 신경학적으로 전혀 장애를 가지고 있지 않을
수 있음을 의미한다. 오히려 그들은 기질적으로 충동적이고
감각을 추구하며, 다소 겁이 없고 공격적이라서 부모들이 제
어하고 통제하기가 불가능했을 것이다.

　다음은 『사이콜로지 투데이(Psychology Today)』에 실린 플로
리다 감옥의 한 수감자의 기술이다.

　　나는 약물 거래로 10년형을 살고 있는 수감자입니다. 나
　는 공립학교 교사였습니다. 회상해 보면 내가 학교를 떠났
　던 주된 이유는 위험이 없었다는 것이에요. 여러분도 알다
　시피 부동산과 같이 개인 사업을 하는 데는 확실히 커다란
　위험 부담이 있으며, 약물 거래와 밀수는 특히 위험 부담이
　크지요. 나는 오래 전에 나에게는 경제적인 보상보다 성공
　이냐 실패냐에 대한 두려움에 맞닥뜨리는 스릴감이 훨씬 더
　중요하다는 것을 알았습니다.

　　당신이 흥미를 가질지도 모르는, 내가 친하게 지내는 한
　집단은 파도타기꾼들입니다. 우리는 지난 15년 동안 세계
　여러 곳에서 파도타기를 하면서 세계 각지에서 온 파도타기
　꾼들을 만났습니다. 이 집단에서 우리가 함께 공통적으로

느끼는 점은 공포를 완전히 무시한다는 것입니다. 사실상 우리들은 파도를 타면서 생명을 잃을 뻔하다가 겨우 살아났을 때 느끼는 흥분을 추구합니다. 파도타기에는 경제적인 보상은 없지만 확실한 스릴이 있습니다. 모든 파도타기꾼이 다른 사람들처럼 겁이 없는 것은 아니지만, 그들의 목표는 동일합니다.

수년 동안 밀수조직의 우두머리들은 실제로 밀수를 할 수 있는 겁 없는 사람을 찾을 때 파도타기 집단에서 사람을 고르곤 했어요. 많은 우두머리가 파도타기꾼이거나 이전에 파도타기꾼이었다는 사실은 결코 우연이 아닙니다.

• 지능

범죄자들이 비범죄자들보다 지능지수가 더 낮다는 것은 잘 알려진 사실이다. 지능지수의 평균을 100으로 보았을 때, 범죄자들의 평균은 약 92였고 비범죄자의 평균은 약 102로 추정된다. 이들은 특히 동작성 지능보다 언어성 지능이 더 낮다. 범죄와 지능과의 관계는 곡선적인데, 70에서 80에 이르는 경계 영역에서 정점을 이루고 양방향으로 갈수록 감소한다.

• 체형

영화에서 깡패들을 보면 모두 거칠고 위협적으로 보인다.

그들은 대부분 중배엽형의 건장한 근육질 체격을 가졌다. 어쩌면 운동이나 발레를 하는 데에 특별한 체형이 필요하듯이, 범죄를 하는 데도 특정한 체형이 필요할지도 모른다. ◆

5. 유사 장애와의 감별 진단

반사회성 성격장애의 역학에 대하여 많은 조사가 이루어졌다. 미국의 경우는 평생 유병률이 2~3%라고 한다. 이 질환을 앓는 사람은 주로 도시 빈민층에 많고 그들 중 상당수가 졸업도 하기 전에 고등학교를 중퇴한다. 반사회성 성격장애자는 삶에 있어서도 하향적 추세가 존재한다. 이들은 돈을 모았다가 낭비하였다가 하는 것을 반복하다가 중년에 이르러 모두 탕진하고는 결국 그 대가로 심각한 알코올 중독이나 다른 질병에 빠져버리고 만다.

반사회성 병리와 약물남용은 밀접한 관계를 보인다. 이 두 질환의 상호관계에 관한 최근의 견해는, 이 둘이 종종 함께 나타나지만 각각 독립적인 원인이 있다고 본다. 물론 범죄행위가 약물남용과 밀접한 관계가 있는 것도 확실하다. 범죄자의 52~65%는 약물남용 환자라는 사실이 그것을 뒷받침한다.

　반사회성 문제가 있는 환자들이 대체로 남자일 것이라는 생각처럼 실제로도 환자의 남녀 비율은 4:1 내지 7~8:1이다. 가족력상에서 반사회성 성격장애와 신체화 장애히스테리아가 관련이 있다는 것도 잘 알려져 있다. 이러한 연관성을 설명한 최근의 견해에서는 히스테리성 성격장애나 연극성 성격장애 환자들이 반사회성 성격장애로 발전할 것인지 아니면 신체화 장애로 발전할 것인지에 성별이 영향을 미친다고 한다.

　반사회성 성격장애는 주로 남자에게 나타나지만 여자에게도 있을 수 있다. 의사들이 성역할에 대한 고정관념 때문에 이를 간과함으로써 여성에게 이러한 진단을 붙이지 못하는 것일 수도 있다. 반사회적 행동을 상당히 보이면서 유혹적이고 조종하려고 하는 여성들은 히스테리, 연극성 성격장애 혹은 경계선 성격장애 등으로 진단되는 경우가 더 많다.

　19세의 한 여성 입원 환자는 자신을 강간하려 했던 남자를 살인자라 하고, 훔치고 거짓말하며 다른 환자의 치료를 방해하는 행동을 하는 등 다양한 반사회적 행동을 보였다. 한번은 2명의 남자가 쇠막대기를 병실의 유리창에 걸어 그녀가 병원을 탈출할 수 있도록 도왔다고 한다. 그녀는 부모의 신용카드를 사용하여 항공편으로 그들과 함께 도망간 후 공항에서 돈 한 푼 없는 그들을 버렸다. 그녀가 병동에서 모든 사람의 안전을 위협하기 위하여 불을 질렀을 때 치료는 전환점에 도달하

였다. 이전에 치료자들은 환자가 사람들의 마음을 끌고 유혹
적이었으며 대인관계에서도 매력이 있었기 때문에 그녀를
의심하지 않았다. 어떤 의사는 그녀가 반사회성 병리를 가진
것이 아니라 우울증을 앓고 있는 것이라고 보기도 하였다.
그러나 그녀는 DSM-IV의 반사회성 성격장애의 진단기준에
해당하였으며, 정신병질의 정신역동적 진단기준과도 일치하
였다.

　반사회성인 여성들을 잘못 진단하는 경향은 여성들이 사회
적인 자유를 더 많이 누리게 됨에 따라 줄어들고 있는 것 같
다. 더 많은 여성이 전에는 남성들의 전통적 생활양식이었던
방향으로 생활을 해 나감에 따라 여성들도 반사회성 성격장애
로 진단되는 것이 더 쉬워질 것이다.

　반사회성 성격장애와 비슷하지만 다른 성격장애들이 있다.
이러한 장애들과 반사회성 성격장애를 어떻게 감별할 수 있는
지 알아보자.

1) 물질관련 장애

　성인의 반사회적 행동이 물질관련 장애와 동반되는 경우에
는 반사회성 성격장애의 증상이 소아기부터 나타나서 성인기
까지 지속되지 않는 한 반사회성 성격장애로 진단되지 않는

다. 만약 약물남용과 반사회적 행동이 둘 다 소아기부터 시작되어 성인기까지 지속된 경우에는 비록 반사회적 행동이 물질 관련 장애의 결과일지라도 둘 다 진단내려질 수 있다.

2) 자기애성 성격장애

두 장애 모두 비정하고 입심이 좋으며 피상적이고 착취적이며 공감 능력이 없다는 것이 공통적으로 나타나지만 자기애성 성격장애는 충동성, 공격성, 사기 등의 특징이 없다. 또한 반사회성 성격장애는 타인의 칭찬이나 찬사를 원하지 않으며, 자기애성 성격장애는 일반적으로 소아기의 품행장애나 성인기의 범죄 행동의 과거력이 없다.

3) 연극성 성격장애

두 장애 모두 충동적이고 피상적이며 자극 추구적인 특징과 무모하고 유혹적이며 타인을 조종하려는 경향이 있다. 하지만 연극성 성격장애는 자신을 과장하는 경향이 두드러지지만 반사회성 성격장애는 그렇지 않다.

4) 경계성 성격장애

반사회성 성격장애는 이권, 권력, 기타 다른 물질적 만족을 얻기 위해 타인을 교묘하게 속이지만, 경계성 성격장애는 생활을 해 나가기 위해 남을 속일 뿐이다. 또한 경계성 성격장애는 감정적으로는 더 불안정하지만 더 공격적이지는 않다.

5) 편집형 성격장애

편집형망상형 성격장애에서도 반사회적 행동이 나타나기도 한다. 하지만 이들은 개인적인 이득을 얻기 위해서가 아니라 복수를 목적으로 반사회적 행동을 한다.

이 밖에도 반사회성 성격장애의 진단기준을 충족시키지는 않지만 범죄적 · 공격적 · 기타 반사회적 행동을 보여 임상적인 관심을 받게 되는 경우가 있다.

반사회적 경향은 반사회성 성격장애자에게만 있는 것이 아니라 누구에게나 어느 정도는 있다. 사람이라면 누구에게나 친사회적인 경향이 있듯이 반사회적인 경향도 있는 것이다.

이 글을 읽고 있는 당신에게도 앞에서 언급한 여러 가지 특징이 발견될 수도 있을 것이다. 또한 당신 주위의 어떤 사람들

을 떠올릴 수도 있을 것이다. 하지만 너무 걱정할 필요는 없
다. 당신이 보라색을 좋아한다고 해서 반드시 조현병 환자라
고 할 수는 없지 않은가. ◆

반사회성 성격장애는
왜 생기는가

2

1. 반사회성 성격장애의 원인론

    제2장에서는 반사회성 성격장애자의 원인은 무엇인가에 대해 다룰 것이다. 태어날 때부터 반사회성 성격장애자로 태어나는 것인지 아니면 자라나면서 그렇게 되는 것인지, 그리고 반사회성 성격장애자들은 다른 사람들과 다른 어떤 특성이 있는지를 알아보도록 하자.

    반사회성 성격장애를 잘 이해하기 위해서는 이 질환의 원인과 병리에 생물학적 요인이 명백히 관여하고 있다는 점을 인식하는 것부터 시작하여야 한다. 쌍생아 연구는 유전적 요인이 반사회성 성격장애의 발생에 영향을 미치고 있다는 확실한 증거를 제공한다. 예를 들면, 범죄일치율은 이란성 쌍생아보다 일란성 쌍생아들에게서 2~3배 더 높게 나타난다. 반사회성 성격장애에 관한 한 연구에서는 반사회성 성격자애자의 91%가 신경심리학적 이상을 보인다고 보고하고 있다. 또한 공격성이 호르몬이나 신경생화학적 요인과 관계가 있다는 연구들도 있다.

반사회성 성격장애자들은 경험을 통한 학습이 불가능한 것으로 보아 이들의 자율신경계 기능이 저하되어 있을 가능성이 있다는 주장도 있다. 불리한 경험에 직면했을 때 자율신경계 각성의 정도가 적다는 사실은 반사회성 성격장애자들이 예기불안이 적어서 그릇된 행위를 연기시키지 못한다는 역동적 추론과 관계가 있을 것이다.

어떤 반사회성 성격장애자들은 신경계통에 조절장애가 발생하면 난폭해진다. 그러나 이런 부류의 환자들은 이때 나타나는 신체 증상들을 자신의 난폭함을 변명하기 위한 구실로 사용하는 경우가 훨씬 더 많아, 다른 사람들에게 해를 끼치려 했다는 것에 대한 어떠한 개인적 책임도 부인한다.

이와 비슷하게, 범죄자들도 구속되지 않으려고 해리현상이나 다중인격 등의 정신적 현상을 이용하기도 한다. 예를 들면, 한 범죄자는 자신이 살인사건에 연루되어 체포되었을 때 다중인격 장애를 앓고 있는 것처럼 보이려고 시도를 하였다. 또한 살인을 저지른 사람들의 약 2/3가 범행 당시를 기억할 수 없다고 주장한다.

이런 생물학적 요인들은 나아가 초기 모자관계의 문제에 영향을 줄 수도 있다. 반사회성 성격장애 환자들은 흔히 부모로부터 무시당하고 학대받은 경험이 있다. 이런 타고난 요인들 때문에 소아는 안정되고 편안하게 느끼지 못하게 되며 따라서 정상적인 애착 과정이 저해될 것이다.

반사회성 성격장애의 책임이 아이에게 있는가 부모에게 있는가 아니면 둘 모두에게 있는가를 불문하고, 반사회성 성격장애자들이 대상항상성을 발달시키지 못하는 것은 분명하다. 결국 이들에게는 안심을 시켜 주는 모성상이 결여되어 있는 것이다.

이를 모자간의 초기관계를 강조하는 관점에서 풀어서 설명하면 다음과 같다. 반사회성 성격장애자가 다른 사람에게 갖는 불신은 아주 어린 시절로 거슬러 올라간다. 정상적인 모자관계에서 유아는 어머니와의 초기 관계에서 자신의 욕구가 잘 충족될 때 안정적인 정서를 발달시킨다. 반면, 유아의 욕구가 반복적으로 좌절되고 지연되면 유아는 불안을 느끼고 저항한다. 하지만 그러한 시도마저 성공적이지 못할 때 유아는 울음을 멈추고 수동적으로 안심시켜 주는 대상의 안정성을 포기하게 된다.

반사회성 성격장애자들이 신뢰롭고 근본적인 사랑과 믿음을 가질 수 없는 이유는 초기 경험에 믿을 만한 사람이 없었으며, 근원적인 사람들중요한 타인에게서 안정감을 박탈당한 경험이 있었기 때문이다. 이처럼 생의 초기에 자기가 형성되는 과정에서 겪은 손상은 이후 양심이나 초자아가 발달하는 단계에서 더욱 악화되기 쉽다. 왜냐하면 건전한 자아발달의 기초 공사가 부실하므로 이후 발달단계에서 요구되는 발달과제를 성공적으로 취득할 수 없기 때문이다.

한편, 최근의 정신역동적인 입장들에서는 초기 모자관계에서의 경험이 어떻게 자신과 타인에 대한 표상을 형성하게 되는지에 주목한다.

자기애성 성격장애처럼 반사회성 성격장애에서도 병적으로 과장된 자기를 형성한다. 그러나 반사회성 성격장애자는 한 가지 중요한 측면에서 자기애성 환자와 다르다. 컨버그 Kernberg는 자기애성 성격장애 환자의 과장된 자기를 진정한 자기, 이상적 자기 그리고 이상적 내적 대상이 융합된 것으로 보았다. 반면, 반사회성 성격장애자의 경우에는 이상적 대상이 공격적인 상이며 이는 종종 '제3자적 자기대상stranger selfobject'이라고 불린다. 코헛Kohut의 자기심리학에서의 자기대상과는 달리, 이러한 제3자적 자기대상은 부모가 믿을 수 없고 영아에게 악의를 품은 제3자로 경험되고 있음을 반영하고 있다. 이러한 위협적인 내재화 상은 부모의 잔혹함과 무관심을 실제로 경험함으로써 생겨날 수 있을 것이다. ◆

2. 반사회성 특질에 대한 행동적 유전요인

반사회성 성격장애자들의 대표적인 특징 중 하나인 범죄 행위는 권투와 마찬가지로 주로 남자들의 게임이다. 남녀의 범죄 비율은 4:1에서부터 20:1에 이르는데, 이것은 사회화에서 문화적 영향의 중요성을 암시해 주는 것이다. 또한 남자와 여자가 유전적으로 다르기 때문에 이러한 현상이 나타난다고 볼 수도 있다.

남자들 중에서도 주로 젊은 연령의 남자들이 범죄를 저지른다. 리켄Lykken의 연구 결과에서도 범죄자의 2/3 정도가 12세에서 28세에 분포하고 있음을 볼 수 있다(Lykken, 1995: 94).

범죄를 저지르는 사람은 대부분 중배엽형이며, 근육질에다 운동선수 체격이고, 행동지향적이며 경쟁적인 성격의 젊은 남자들이 많다. 이들은 간혹 지적인 장애가 있는 경우도 있고, 모험심이 있고 비교적 겁이 없는 감각추구자들이며, 공격적이고, 친구들을 지배하는 성향이 있는데, 이와 같은 특질들은 유전적 요인의 영향을 받는 것들이다.

1) 쌍생아 연구

반사회적 행동에 대한 유전적 기초를 찾으려는 대부분의 연구는 반사회성 성격장애 그 자체보다는 반사회적 행동이나 범죄 행위에 초점을 맞추어 왔다. 따라서 수집된 자료는 해석하기 어렵다. 왜냐하면 이미 지적되었듯이, 반사회성 성격장애자들이 모두 범죄자가 아니며, 모든 범죄자가 반사회성 성격장애자도 아니기 때문이다.

유전적 요인이 미치는 영향을 알아보기 위해 쌍생아 연구가 이루어졌다. 일란성 쌍생아가 둘 다 범죄자가 되거나 반사회적으로 될 확률은 55%인데 반해, 이란성 쌍생아의 경우는 13%였다. 리켄(1995)의 자료에 의하면 범죄성은 50% 이상의 유전 가능성이 있다고 볼 수 있다.

로우Rowe의 연구에서는 일란성 쌍생아의 경우 일치율이 51%, 이란성 쌍생아의 경우 30%가 나왔다. 기존의 연구들에 비하여 이란성 쌍생아의 일치율이 상당히 높다고 볼 수 있는데, 이것은 가정에서 같은 방식으로 양육하는 것이 유의미한 영향을 미친다는 것을 말해 준다.

캐리Carey는 이러한 연구의 결과들을 종합하여, 함께 자라 난 쌍둥이는 친사회적이거나 반사회적인 행동에서 서로에게 영향을 주는데, 이것은 이란성 쌍생아보다는 일란성 쌍생아 에서 더 그렇다고 말했다.

환경의 영향을 제외하면 범죄의 유전 확률은 30~40% 정 도 된다고 볼 수 있다. MMPI의 반사회성Psychopathic Deviate: Pd 척도로 반사회적 성격을 구분한 결과 유전성은 .50~.60이 나 왔다.

랑에(Lange, 1992)는 일란성 쌍생아와 이란성 쌍생아의 범죄 율을 비교했는데, 일란성 쌍생아의 경우가 일치율이 더 컸다. 이 결과는 유전적 요인들이 관련되었을 가능성을 시사한다.

크란츠(Kranz, 1936)는 보다 개선된 표집절차를 사용한 연 구에서 일란성의 경우는 66%, 동성의 이란성은 54%, 이성의 이란성은 14%의 일치율을 발견하였다. 얼핏 보면 이 자료도 유전적 요인들이 중요하다는 견해를 지지하는 것 같지만, 보 다 중요한 것은 이란성의 경우 이성간과 동성 간의 일치율이 두드러지게 차이가 난다는 점이다. 이성의 이란성 쌍생아들은 유전적으로는 거의 같지만 부모의 양육방식이 현저하게 달랐 을 것이라고 기대할 수 있다. 반면, 동성의 이란성 쌍생아들은 이성의 이란성 쌍생아보다 같은 방식으로 양육된 것 같다. 이 증거는 환경적 요인이 개입되었음을 시사한다.

2) 입양아 연구

보다 최근의 입양아에 대한 연구는 유전적인 요인이 범죄 행위나 반사회성 성격장애에 모두 영향을 주었을 것이라고 시사한다. 입양아를 대상으로 한 한 연구에서는 덴마크에 보관된 광범위한 사회 기록의 도움을 빌려 범죄 기록이 있는 입양아의 입양 가정 친척들과 친부모 친척들의 범죄율을 조사하였다. 또 다른 연구에서도 비행을 저지른 반사회성 성격장애자들을 대상으로 유사한 연구를 수행했다. 이 두 연구 결과, 입양부모의 친척보다는 친부모 친척들의 범죄율이 더 높음을 발견하였다. 또한 반사회성 성격장애자의 친부모계 친척들에게서 반사회성 성격장애자가 더 많음을 발견했다. 더불어 친부모가 반사회적 성격인 입양아에 대한 미국에서의 연구도 유전적 경향이 있음을 나타냈다.

보다 복잡한 연구에서는 입양된 사람의 범죄 행동과 알코올 중독을 모두 조사했다. 입양된 많은 수의 사람은 전과기록 유무, 범죄 행동과 알코올 중독을 다 갖고 있거나 또는 둘 다에 해당되지 않는 경우에 따라서 분류되었다. 연구 결과 알코올 중독자이면서 범죄자이기도 했던 사람은 폭력행위를 반복적으로 저질렀다.

이들의 범죄 행위 가능성은 알코올 중독 여부와 관련되어 있었지만 친부모의 범죄 행동과는 관련이 없었다. 알코올 중독과는 무관한 범죄자들은 절도 같은 경범죄를 저지르는 경향이 있었다. 이들의 범죄 가능성은 그들이 최종적으로 입양되기 전의 가정 내에서 불안정성뿐만 아니라 유사한 범죄에 대한 친부모의 전과 유무와 연관되어 있었다. 따라서 이런 자료들은 일부 유형의 범죄 행동에 대한 일부 소질이 유전될 수 있다는 것을 다시 한 번 시사해 주고 있다. ◆

3. 생물학적 요인

반사회성 성격장애에 대한 생물학적 요인 연구는 주로 뇌의 이상과 낮은 각성수준에 대해서 이루어졌다.

1) 신경학적 요인

초기의 많은 연구에서 반사회성 성격장애자와 다양한 통제집단의 피험자들의 뇌파활동 패턴을 조사하였다. 엘링슨 Ellingson은 1,500여 명의 반사회성 성격장애자를 대상으로 한 14개 연구들 중 13개에서 31~58%가 뇌파 이상을 보였음을 보고했다(Ellingson, 1954). 가장 자주 일어나는 이상 뇌파의 종류는 느린 뇌파활동인데, 이것은 유아나 아동에게는 정상적인 현상이지만 정상 성인에게는 그렇지 않다. 느린 뇌파는 일반적으로 두뇌 전부위에서 나타난다. 그러나 극도로 충동적이고 공격적인 반사회성 성격장애자들 중에는 느린 뇌파 이상이 측두엽에 국한된다는 증거가 있다. 또한 외견상 사소한 자극에 대해 충동적이고 공격적이며 파괴적인 행동으로 반응하는 사람들은 정적 스파이크positive spikes라 불리는 뇌파를 나타낸다. 이 뇌파는 두뇌의 측두엽에서 발생하는데, 주파수가 6~8c/s 그리고 14~16c/s인 스파이크로 구성되어 있다.

최근의 발견들도 일반적으로 선행 연구 결과들과 일치한다. 대부분의 연구 결과에서도 반사회성 성격장애자의 뇌파EEG 이상, 특히 느린 뇌파와 정적 스파이크가 나타나는 빈도가 다소 높음을 보고하고 있다. 그러나 모든 반사회성 성격장애자가 비정상적인 뇌파를 나타내지는 않으며, 이상 뇌파를 보이는 반사회성 성격장애자들이 그렇지 않은 반사회성 성격장애자들과 또 다른 점이 있는지는 불명확하다.

한 가지 염두에 두어야 할 것은, 뇌파란 두뇌 기능에 대한 개괄적 측정 결과로서 수많은 신경세포의 종합적 작용을 반영한다는 점이다. 더욱이 반사회성 성격장애자들의 뇌파가 모든 실험 상황에서 비정상적으로 느린 파형을 나타내지 않았다. 예를 들면, 해어Hare와 유타이Jutai는 반사회성 성격장애자들이 휴식하고 있을 때 느린 뇌파활동의 수준이 높게 나타나는 것을 발견했으나, 나중에 흥미진진한 비디오게임을 할 때는 뇌파가 정상인들의 경우와 동일했다(Hare & Jutai, 1985).

따라서 현재 반사회성 성격장애자들의 뇌파 이상에 대한 해석은 잠정적인 차원에 머물러 있다. 예를 들면, 해어(Hare, 1970)는 느린 뇌파가 많은 현상을 억제하는 기제에 대한 기능장애를 가리킨다고 해석한다. 그는 이 기제의 기능장애 때문에 반사회성 성격장애자가 자신을 괴롭게 하는 행위를 스스로 자제하는 것을 학습하기 힘들어한다고 주장한다.

물론 이런 해석은 반사회성 성격장애자에 대한 처벌이 거의 효과가 없다는 연구들과 일치하지만, 그 해석만이 유일하게 가능한 것은 아니다. 아무튼 반사회성 성격장애자들이 처벌을 회피하거나 도피하는 것을 학습하지 못하는 것은 중요한 연구 주제였다.

2) 낮은 각성수준

반사회성 성격장애자들은 대부분의 사람이 스트레스를 느끼거나 불쾌하게 느끼는 상황에 직면했을 때, 그 상황이 친숙한 것이건 낯선 것이건 관계없이 정서적으로 반응하지 않는다고 종종 기술되어 왔다. 클렉클리(Cleckley, 1976)는 반사회성 성격장애자의 이와 같은 측면에 대하여 다음과 같이 기술했다.

통상적으로 우리는 반사회성 성격장애자에게서 신경과민이나 근심, 걱정보다는 놀랄 정도로 마음이 평온한 것을 발견하며, 신체 기능에 대한 불안이 머릿속에 가득 차 있기보다는 신체적으로 건강하다는 평온한 느낌을 갖고 있음을 발견한다. 보통 사람들이라면 당황하고, 혼란되고, 갑자기 불안해지거나 또는 눈에 띌 정도로 흥분되는 구체적 상황에서조차 이들이 상대적으로 평온한 상태에 있다는 점은 주목할 만한 것 같다.

이와 같은 기술은 다른 임상적 발견과 아주 잘 들어맞는다. 이들은 반사회성 성격장애자들이 통상적으로 전기 충격을 회피하지 않지만, 아드레날린을 주사해서 자율신경계의 흥분 수준이 높아졌을 때에는 전기 충격을 회피하는 것을 발견했다. 따라서 정서 상태에 관한 한 자율신경계의 역할이 핵심적이라고 가정되었기 때문에, 여러 연구자는 반사회성 성격장애자들의 자율적 활동의 안정 수준과 여러 유형의 자극에 대한 자율신경계의 반응 패턴에 대해 조사하였다.

대부분의 연구에서 반사회성 성격장애자들은 휴식 상태에서 정상인들보다 피부전기전도도skin conductance 수준이 낮았다. 더욱이 그들의 피부전기전도도는 강력하거나 혐오적인 자극에 직면할 때는 반응 정도가 적었지만, 심장박동을 조사했을 때에는 다른 양상이 드러났다. 반사회성 성격장애자의 심장박동수는 휴식 상태에서는 정상인과 같았으며, 중성적 자극에 대한 심장박동률도 낮았다. 그러나 스트레스 자극이 기대되는 상황에서는 심장박동수가 스트레스를 기대하고 있는 정상인의 심장박동수보다 빨랐다.

이런 생리적 반응들은 반사회성 성격장애자들이 단순히 각성수준이 낮다고 간주될 수 없음을 시사한다. 왜냐하면 피부전기전도도와 심장박동에 대한 측정 결과가 일치하지 않기 때문이다. 해어(Hare, 1978)는 반사회성 성격장애자들의 정신생리학적 반응 패턴에 초점을 맞추어 설명 이론을 제시하였다. 빠른 심장박동수는 감각입력sensory input을 걸러서감소시켜서 피질상의 각성수준을 낮춘 결과로 간주되었다. 따라서 혐오적 자극을 예기하고 있는 반사회성 성격장애자의 심장박동수가 빨라진다는 것은 그들이 '그 자극을 무시함'을 의미한다. 그들의 피부전기전도도는 혐오자극에 대해서 적게 반응할 것이다. 그들은 이미 혐오자극을 효과적으로 무시해 버릴 수 있었기 때문이다.

피부전기전도도를 불안의 지표로 삼는다면, 반사회성 성격장애자는 기대된 혐오자극을 받은 후에 이미 혐오자극을 차단시켜서 처리해 버렸기 때문에 불안이 별로 증가하지 않는다. 반사회성 성격장애자의 생리적 반응에 대한 이와 같은 해석은 그럴 듯하며, 앞서 논의된 회피학습에 대한 연구들과도 일치

한다. 해어와 그의 동료들이 수행한 이후의 연구에서도 반사
회성 성격장애자들은 행동상으로나 생리적 반응상으로 자극
을 무시하는 능력이 특히 뛰어남이 확인되었다.

반사회성 성격장애자들의 각성수준이 낮거나 자신의 각성
수준을 잘 통제할 수 있다는 사실은 그 밖에도 몇 가지 시사하
는 바가 있다.

퀘이Quay는 반사회성 성격장애자의 충동성, 흥분에 대한 갈
구, 일상적이고 지리한 것을 참지 못하는 것이 그들의 정서적
반응성이 낮고 각성을 유발시키는 감각입력을 배제하여 피질
상의 각성수준을 제지하는 능력 때문에 일어난다고 하였다
(Quay, 1965). 퀘이의 추론은 인간에게는 적정한 각성수준이
있다는 가설에 근거하고 있다. 각성수준이 너무 높으면 그 수
준을 낮추는 조치를 취할 것이며, 수준이 너무 낮으면 그것을
증가시키려 할 것이다. 반사회성 성격장애자의 '스릴 추구'
행동은 적정 수준에 접근하기 위해 자신의 각성수준을 증가시
키려는 시도라고 볼 수 있다.

반사회성 성격장애자들이 자신의 흥분수준arousal level을 높
이기 위하여 스릴을 추구한다는 것이 사실이라면, 지리하고
단조로운 과제에서는 반사회성 성격장애자의 수행도가 특히
형편없을 것이라고 기대할 수 있을 것이다. 오리스Orris는 이와
같은 과제에 대한 죄수들의 수행도를 조사했다(Orris, 1967).

그 결과는 예언에 잘 들어맞았다. 반사회성 성격장애를 가진 죄수들은 다른 죄수들에 비해서 수행도가 다소 떨어졌다.

또한 우리는 반사회성 성격장애자들에게 어떤 선택권을 부여했을 때 이들이 신기하고 복잡한 자극을 선호할 것이라고 예언할 수 있다. 이와 같은 자극들은 일반적으로 흥분수준을 높여 주는 속성을 갖고 있다고 간주되기 때문이다. 이 가설을 검증하기 위해 반사회성 성격장애 죄수들과 그렇지 않은 죄수들을 대상으로 한 실험이 이루어졌다. 그 결과 반사회성 성격장애자들이 실제로 다른 죄수들보다 신기하고 복잡한 자극을 더 선호하는 것으로 드러났다. ◆

4. 환경적 요인

유전적·생물학적 요인들도 반사회성 성격장애에 영향을 미치지만, 환경이 사람에게 미치는 영향에 대해서는 아무리 강조해도 지나치지 않을 것이다. 아이들은 환경을 통해서 거의 모든 것을 배우기 때문이다. 가정을 통해, 친구들을 통해, 대중매체를 통해 세상을 배우고 자신의 성격을 구성해 나가는 것이다. 이러한 환경의 영향을 극단적으로 주장하는 사람들이 행동주의자들이다.

1) 행동주의적 관점

행동주의자들은 모델링modeling이 공격적 행동을 가르치고 특정한 공격적 행동을 일으킨다고 보았다. 사람에게 결정적인 모델은 부모와 또래집단이다. 많은 반사회성 성격장애자에게는 반사회성 성격장애를 가진 아버지가 있다. 대중매체도 이러한 기능을 한다. 영화나 TV에서 공격적인 장면을 본 아이들은 현실에서 유사한 상황이 발생하면 자신이 본 폭력을 흉내 낼 수도 있다는 것이 많은 연구에서 밝혀졌다.

모델링 외에도 강화와 기술 획득 또는 기술 획득의 실패가 반사회적 성격 형성에 영향을 미치기도 한다. 반사회적인 행동에 좀처럼 관여하지 않는 아이는 부모가 지속적으로 그들에게 도움 주기, 협동, 호의 등의 친사회적 행동을 강화하는 반면, 반사회적 행동에 대해서는 무시하거나 처벌하고 있다는 것을 연구들을 통해 알 수 있다.

자녀가 품행장애인 부모의 경우에는 다른 패턴이 나타난다. 우선, 부모들이 아이에게 반응할 때 처벌적인 경향이 있다. 또한 이러한 부모가 주는 강화는 주로 비수반적 강화noncontingent reinforcement다. 즉, 아이의 행동이 친사회적이냐 반사회적이냐에 따라 부모의 반응이 달리 나타나는 것이 아니라, 일관성 없이 그때그때 기분 내키는 대로 나타난다는 것이다. 이러한 혐오적인 결과들의 과용과 비수반적 강화요인들은 다음의 사례에서 잘 나타나 있다.

나의 아버지는… 우리는 그분 앞에 서 있어야 했는데, 형과 나는 매일 밤 벨트로 맞았다. 나는 바로 지금까지도 그

벨트의 색깔이 무엇이었는지, 얼마나 길었는지를 당신에게
이야기해 줄 수 있다. 그것은 가로 2인치, 세로 36인치의 벨
트로 큰 고리가 달려 있었다. 우리는 매일 밤 그의 앞에 서서
그 망할 것으로 맞았다. 매일 밤, 우리가 어떤 잘못을 했든 안
했든 상관없이… 그 당시 나는 4학년, 형은 5학년이었다.

   행동주의자들에 의하면, 이러한 부모는 공격성 모델로서의
역할을 할 뿐만 아니라 아이들의 행동과 받게 되는 대우 사이
에 연결점이 없다는 것을 가르쳐 주게 된다. 그래서 아이들은
규칙이나 법칙과 같은 사회적 자극에 둔감해지는 것이다. 그
들이 하는 행동의 결과가 그 행동에 따라 결정되기보다는 운
과 같은 임의의 힘에 의해 결정된다고 생각하기 때문에 그들
을 이러한 자극들에 주의하기보다는 자신들이 하고 싶은 대로
행동하게 된다.

   반사회적 행동은 직접적인 정적 강화에 의해서 학습될 수
도 있다. 친사회적 행동은 어른들이 별로 주목하지 않거나 또
래집단의 비웃음을 살 수도 있는 반면, 반사회적 행동은 또래
집단의 인정과 부모와 학교의 권위로부터 관심을 얻을 수도
있기 때문이다.

2) 부적절한 가정환경

대부분의 반사회적 행동은 사회규범을 위반하기 때문에 많은 연구자가 사회화의 근본 요인인 가족에 연구의 초점을 두고 그러한 행동을 설명하려고 한 것은 놀랄 만한 일이 아니다. 관련 문헌에 대한 개관 연구에 따르면, 애정의 결핍과 부모의 심한 배척이 반사회적 행동의 주요 원인이라는 결과가 나왔다. 반사회성 성격장애자들에게서 볼 수 있는 가정환경의 특징으로는 부적절한 양육방식, 잘못된 모델링, 문제해결 능력의 미숙 등을 들 수 있다.

(1) 부적절한 양육방식

반사회성 성격장애자들의 가정은 부모가 자녀를 거부하거나 불만이 있거나 비난하거나 무시하거나 부담스러워하는 경향이 있다. 아동 초기에 이들은 거절당했을 가능성과, 이들을 아껴 주고 알아주는 사람이 없었을 가능성이 많다. 이런 결과로 아동은 타인이나 자신의 감정 또는 권리를 존중할 수 없게 되며, 자신의 존재를 알아주기만 한다면 타인의 비난을 받더라도 범죄집단에 참여하게 된다.

부모가 자녀들을 훈육한다고 하더라도 그 과정과 방법이 부적절하면 훈육을 무기력하게 만들기도 한다. 아동지도센터의 환자를 대상으로 한 연구에 따르면, 부모에 의해서 적절하고 엄격하게 훈육을 받은 아동은 성인이 된 후 약 9%만이 반사회성 성격장애자로 진단되었다. 반면에, 지나치게 관대하게 훈육을 받았거나 전혀 훈육을 받지 않은 아동은 29%가 반사회성 성격장애자로 진단되었으며, 한쪽 부모 혹은 양쪽 부모에 의해서 전혀 훈육을 받지 않은 청소년들의 경우에는 32%가 반사회성 성격장애자로 진단되었다.

지나치게 엄격하거나 훈육을 무기력하게 하는 방식으로 훈육을 받은 청소년들은 적절한 방식으로 반사회적인 행동에 제지를 받는 것이 아니라, 모욕과 멸시를 받았을 가능성이 많다. 이와 같은 적절하지 못한 훈육은 훈육이 전혀 없는 경우와 마찬가지로 자녀의 반사회적 행동의 한 원인이 되기도 한다.

한편, 부모의 훈육에 공평성이 없을 때, 즉 동일한 반사회적 행동에 대해서 어떤 경우에는 억제하지만 어떤 경우에는 강화하는 등 비일관적으로 행동할 때 자녀의 비행이 강화될 수 있다. 또한 부모들이 사회적인 가치를 강제적이고 폭력적으로 습득시킴으로써 건전한 가치 자체에 대해 부정적인 감정이나 반항심을 가지게 만들어 반사회적 행동을 강화시키고 유지시킬 수도 있다.

(2) 잘못된 모델링

반사회성 성격장애를 가진 아동의 부모는 대개 자녀들에게 적합하고 바람직한 삶의 행동방식을 습득시키지 못한다. 오히려 이들은 적합하지 못하고 파괴적인 행동을 조장한다. 한 연구에 따르면, 부모가 심리적인 장애나 반사회적인 행동을 보이지 않는 가정의 경우 자녀들 중 16~18% 정도만이 심리장애나 반사회적인 행동을 나타낸 반면, 부모가 체포 혹은 구금되거나 아버지가 만성적인 실직 상태에 놓여 있는 가정의 경우 자녀들 중 32~36%가 후에 정신병적 성격장애로 진단되었다.

이들의 부모는 자녀의 충동적인 행동을 적절하게 통제하거나 제약하지 않고, 법과 질서를 존중하는 모범을 보이지 못하는 경우가 많으며, 충동적으로 행동하는 경향이 많기 때문에 자녀들 역시 충동적으로 행동하게 된다. 운전 법규를 무시한다든지 세금을 속이는 등의 행동이 수용될 수 있고, 이를 바람직하다고 생각하는 경우에 아이들은 법과 질서에 대해서 바른 판단과 행동을 습득하지 못할 가능성이 높으며 건전한 가치를 습득하기가 쉽지 않게 된다는 것이다.

(3) 문제해결 능력의 미숙

비행 청소년들에 대한 연구에 의하면, 비행 청소년들은 문제 상황에 봉착했을 때 문제를 적극적으로 해결하려고 하기보다는 회피하거나 부인하거나 일시적으로 감정을 조절함으로써 문제 상황에서 벗어나려고 하는 경향이 있다고 한다. 이때 부모는 문제를 보는 관점, 해결 방략, 문제를 대하는 태도 등을 자녀들에게 가르쳐 주어야 올바른 성장을 할 수 있다. 아이들이 일상적인 생활에서 직면하는 다양한 문제를 확인하고 적절히 극복하지 못하게 되면 정상적인 문화에서 소외되어 결국은 범죄 문화에 접할 가능성이 커지는 것이다.

그러나 초기의 양육방식에 대한 이와 같은 자료는 지극히 조심스럽게 해석되어야 한다. 이 자료는 회상적 보고에 의해 수집되었는데, 이런 식으로 얻어진 정보는 거의 가치가 없을 수 있다. 주변 사람들에게 현재 반사회성 성격장애를 갖고 있는 것으로 알려져 있는 사람에 대한 초기의 사건을 회상해 보라고 요구하면, 현재 성인으로서의 그 사람에 대한 지식이 그 사람의 어린 시절 사건에 대한 기억 내용이나 보고 방식에 어떤 영향을 줄지도 모른다. 즉, 말썽을 일으켰던 사건들은 회상되기 쉬운 반면에, 그 사람의 현재 행동에 꼭 들어맞지 않는 사건들은 간과되기 쉽다.

회고적 자료의 문제점들을 피하는 한 방법은 아동상담소에 온 어린이들을 성인에 이르기까지 추적 연구하는 것이다. 이

런 연구에서는 아이들의 문제 유형과 가족 상황에 대한 정보
등을 포함해서 매우 자세한 기록들을 축적한다.

한 연구에서 584명의 사례들 중 90%가 진료소에 의뢰된 후
30년 만에 다시 소재가 확인되었다. 동일 지역에 살았지만 진
료소에 의뢰된 적이 없었던 100명의 통제집단에 대해서도 마
찬가지로 어른이 된 후에 추적 조사되었다. 연구자들은 이제
성인이 된 이들을 면접하여 부적응 상태를 진단하고 기술할
수 있었다. 그런 다음 이들은 아동기에 가졌던 특징과 성인기
의 문제를 관련지었다. 이는 그 아동기의 특징들 중 어떤 것이
성인기의 반사회적 행동을 예언해 주는가를 밝히기 위한 것이
다. 연구 결과는 다음과 같이 요약할 수 있다.

아동상담소에 찾아오는 아동들 중에서 반사회적 성격을
가질 가능성이 가장 높은 아동은 절도나 공격성 때문에 의
뢰된 소년일 것이다. 이런 소년은 많은 사건을 통해서 다양
한 반사회적 행동을 이미 드러낸 바 있으며 최소한 이런 사
건들 중 하나 때문에 청소년 재판소에 출두한 적이 있고, 반
사회적 행동 때문에 교사 및 부모들뿐 아니라 생소한 사람
및 사회조직과도 마찰을 빚었다….

이런 특성 때문에 진료소에 오는 소년들 중 절반 이상이
나중에 반사회성 성격으로 진단되었다. 이들은 무단결석,

절도, 늦은 귀가, 그리고 부모에게 순종하기를 거부한 경력을 갖고 있다. 이들은 부담없이 거짓말을 하며, 자신의 행동에 대하여 거의 죄책감을 느끼지 않는 것 같았다. 이들은 일반적으로 있어야 할 장소에 있거나 돈을 관리하는 것에 대하여 책임감이 없었다.

이와 같은 특징 외에 앞에서 언급된 가정 분위기의 중요성도 다시 한 번 발견되었다. 일관성 없는 양육방식뿐만 아니라 멋대로 키우는 것도 아버지의 반사회적 행동과 마찬가지로 성인기의 반사회적 행동을 잘 예언해 주었다.

결국 부모가 자녀를 양육하는 방식이 중요하다고 할 수 있다. 반사회성 성격장애인 아버지는 반사회적 행동의 모델이 될 수 있다. 또한 반사회성 성격장애자들 중에는 아버지가 없는 경우도 많다고 한다.

그러나 주의해야 할 점은 사회화 훈련이 제대로 이루어지지 않았다는 것이 많은 임상적 증후군, 즉 비행, 신경증, 심지어는 정신병적 행동을 위시한 많은 장애의 한 원인이 된다고 시사되어 왔다는 점이다. 마찬가지로 부적응적이라고 여겨지는 사회적 배경을 갖고 있는 사람들이 반드시 반사회성 성격장애자가 되거나 그 밖의 행동장애를 나타내지는 않았다는 점에 주의해야 할 것이다. 부모들이 자녀를 일관성 없이 키우거

나 바람직하지 못한 방식으로 키운다 하더라도 그들 자신은
아무런 문제도 갖지 않을 수 있다. 가정에서의 경험이 반사회
적 행동의 발달에 영향을 미치는 주요 요인이기는 하지만 그
것만이 전부는 아니다. ◆

5. 사회문화적 요인

1) 또래집단의 영향

사람은 누구나 또래집단의 영향을 많이 받기 마련이다. 특히 청소년기에는 그 누구의 말보다도 친구들의 말이나 행동이 큰 영향을 미친다. 청소년 범죄자들의 공범 비율이 해마다 증가하는 추세를 보이고 있는데, 이것은 청소년 범죄에 있어서 친구가 차지하는 역할이 크다는 것을 보여 준다. 범죄 청소년들의 친구 집단에서 다음과 같은 몇 가지 특성을 발견할 수 있다.

첫째, 친구관계는 범죄를 배우고 그 행동을 유지하는 데 영향을 미친다. 즉, 친구관계를 통해 범죄행동을 모방하고 관찰하게 되어 범죄자가 되기도 하는 것이다. 가정이나 학교에서 별다른 문제가 없는 청소년들이 비행 성향을 가진 청소년들과 접촉하면서 비행의 가치와 비행행동을 습득하게 되면서 비행을 저지를 수 있다고 한다. 또한 청소년들이 가정이나 학교생활에 제대로 적응하지 못하는 경우 쉽게 비행문화와 접촉하게 된다. 집에 늦게 들어가거나 가출하거나 학교를 결석하는 가벼운 일탈행동에서 시작하여 범죄행동으로 발전할 수 있는 것이다.

둘째, 친구관계는 청소년의 비행행동이 지속되도록 유지하는 역할을 한다. 가정과 학교에 잘 적응하지 못하여 제대로 사회에 대한 적응력을 기르지 못한 청소년들이 비행을 저지르다가 자신과 비슷한 처지에 있는 청소년들을 만나서 비행행동이 더 심해지기도 한다. 친구집단은 비행행동을 서로 강화하는 역할을 한다. 이들은 집단비행을 통해 죄의식을 나누어 가질 수 있고, 자신들의 행위에 대해 최소한 동료들로부터라도 사회적·도덕적 지지를 받을 수 있으며, 비행행동을 통해서 집단의식을 가지게 되어 소속감을 경험하게 되는 것이다.

특히 사회적 비행에서는 또래 혹은 친구집단이 청소년 비행에 결정적인 영향을 미친다. 이는 그 집단에서 반사회적 행위 기준을 부여하는 멤버십을 가지고 있기 때문에, 위법행위를 성공적으로 수행한 경우에는 특권을 부여받고 그렇지 못한 경우에는 거부를 당하기 때문이다. 저항기에 있는 청소년은 가족관계보다는 친구관계로부터 더 많은 만족을 추구하고,

부모의 기대보다는 친구의 요구가 더 우위를 차지하며, 부모보다는 친구와 같이 지내는 시간이 많다. 그래서 부모나 학교가 사회적 문화를 학습시키고 비행행동을 금지하거나 억제시키려 하더라도 그것이 별로 영향을 미치지 못하기도 하는 것이다.

2) 학교환경의 영향

또래집단뿐 아니라 청소년들이 대부분의 시간을 보내는 학교환경도 영향을 미치는 요인이다. 학교는 다양한 방식에 의해서 직접 혹은 간접으로 청소년 비행의 형성 및 유지에 영향을 끼친다.

첫째, 사회통제의 중요한 역할을 수행하는 학교가 청소년들에게 관습적 가치를 적절하게 내면화시키지 못하고 오히려 또래 비행자와 접촉하게 될 가능성을 증가시킴으로써 청소년의 비행행동에 영향을 끼친다. 학교에서는 학업성적을 중요한 통제수단으로 사용한다. 하지만 성적이 낮은 학생들의 경우에는 비행을 저지른다고 해도 성적이 높은 학생들에 비해서 잃을 것이 적기 때문에 비행을 저지를 가능성이 높아지게 되는 것이다.

사회통제의 또 다른 요소는 사회적 유대다. 교사에 대한 애

착, 학교에 대한 애착, 공부나 학교활동에 대한 참여 등도 비
행과 밀접하게 관련된다. 학생들이 교사와 가까울수록 그리고
공부 등 학교활동에 열심히 참여할수록 비행학생이 될 가능성
은 적어진다. 반면에 교사와 관계가 좋지 않을수록, 학교활동
에 소극적일수록 비행학생이 될 가능성이 높다. 또한 학교에
서 소외감을 많이 느끼고 학교에 대한 애착이 적을수록 비행
을 많이 저지르게 된다.

둘째, 학교는 청소년으로 하여금 비행문화에 접촉할 기회
를 주므로 청소년 비행을 증가시킬 수 있다. 학교에서 성취해
야 할 과업에 실패하는 경우, 청소년들은 정상적인 학교 문화
에서 소외되고 비행집단과의 접촉이 증가되어 비행을 학습하
게 된다는 것이다. 이들은 학교에서 비행문화에 접촉하게 되
면 비행행동 목록을 습득하게 되고, 비행문화를 긍정적으로
정의하고 받아들이게 된다.

한편, 부모와 교사로부터 공부에 대한 많은 압력이 올 때 청
소년들에게 집은 별로 들어가고 싶지 않은 곳이 되며 학교도
가고 싶지 않은 곳이 되기 때문에 가출이나 무단결석이 많아
지게 되고, 결과적으로 비행문화에 접촉할 기회가 많아지게
된다. 청소년들은 자신들에게 주어지는 공부에 대한 압력을
음주, 흡연 또는 미성년자 출입금지 장소 출입 등과 같은 금지
된 행동을 통해서 해소함으로써 비행문화에 접촉하는 기회가

많아지게 되고 이는 청소년 비행화를 촉진한다.

셋째, 학교는 사회적 상호작용을 통해서 청소년 비행을 지속화하고 반복시킨다. 학교에서의 대인관계는 한 번이라도 비행을 저지른 학생들을 문제 학생으로 낙인찍어 계속해서 비행학생들로 대하게 할 수 있다. 주위에서 문제아로 낙인찍으면 비행 청소년은 자신을 부정적으로 평가하게 되고, 스스로도 그러한 정체감을 가지게 된다. 따라서 다른 개인적인 특성이나 사회적 특성은 영향력을 가지지 못하거나 가지고 있더라도 발휘하지 못하게 된다. 일단 비행자로 낙인찍힌 사람은 다른 사람들과 구별되고 격리되어 결국에는 관습적인 사회로부터 배척당하게 되고, 비행문화에 지속적으로 접촉하게 되어 비행행동이 지속되는 것이다.

이처럼 또래집단과 학교환경이 청소년의 비행행동에 직간접적인 영향을 미치고 있기 때문에 많은 부모는 자녀의 친구관계를 걱정할 수밖에 없는 것이 사실이다. 다음은 청소년들의 교우관계를 어떻게 지도할 것인지에 대한 제안을 담은 글이다.

소아 · 청소년정신과 클리닉에는 친구를 사귀지 못해 고민하는 청소년들뿐만 아니라 자녀가 사귀는 친구들 때문에 고민하는 부모들도 찾아온다.

"작년만 해도 그렇지 않았는데 중학생이 된 후부터는 부모 말이라고는 도통 듣질 않아요. 어렸을 때는 내가 골라 준 좋은 친구들하고만 사귀었는데, 요즘은 친구라고 사귀는 애들이 제대로 된 애들이 아니에요."

"공부밖에 모르던 아이였는데 나쁜 친구를 사귄 후부터 학교도 안 가고 술과 담배를 하는 문제아가 되었어요."

"우리 딸아이는 아주 착실하던 아이였는데 친구의 꼬임에 빠져 남자친구를 사귀더니 드디어 가출까지 한 것을 억지로 잡아 왔어요."

청소년들은 부모의 성향이나 의견보다는 자신의 기준이나 성격에 맞는 친구를 선택하기 때문에 대부분의 부모는 혹시 나쁜 친구를 사귈까 봐 불안해한다. 그리고 자녀가 공부를 열심히 하지 않는 것부터 불법행동에 이르기까지 많은 것을 자녀의 나쁜 친구 탓으로 돌린다.

물론 친구가 해로울 수도 있다. 위험한 행동을 하는 친구나 학교를 싫어하는 친구와 사귀게 되면 유혹에 약한 10대들은 그 집단에 소속되기 위해 같은 행동을 하기도 한다. 때로는 이미 문제가 있는 청소년들끼리 함께 어울려 더 큰 문제를 일으키는 경우도 많다. 한 연구에 따르면 비행 청소년의 98%가 비행 청소년 친구를 갖는 반면에, 일반 청소년은 7%만 비행 청소년 친구를 갖고 있었다.

그러나 청소년들은 친구에 의해 나쁜 행동보다는 좋은 행동 쪽으로 더 많은 영향을 받는다는 연구 결과도 있다. 가까운 친구를 갖는 것은 여러 면에서 청소년에게 도움이 된다. 친구는 자긍심을 높여 주고, 남의 감정을 잘 이해하게 만들며, 소속감을 통해 마음도 안정되게 한다. 학교생활도 잘하게 하고 공부도 잘하게 한다.

자녀 친구의 태도나 행동이 부모의 마음에 들지 않을 때도 있을 것이다. 그렇더라도 그 친구를 비난하거나 당장 못 만나게 하는 것은 도움이 안 된다. 대신 마음을 열고 어떤 아이인지 관찰해 볼 필요가 있다. 알고 보니 좋은 아이여서 기뻐하게 될지도 모른다. 특히 청소년의 이상한 헤어스타일이나 옷차림이 사람 됨됨이를 평가하는 데 중요한 요인이 아니라는 것을 잊지 말아야 한다.

만약 자녀의 친구가 심각한 문제행동을 보이면 염려하는 바를 자녀와 솔직하게 토론하는 것이 중요하다. 이를 통해 자녀가 옳고 그름을 깨닫고 그 관계에서 스스로 빠져나올 수도 있다. 나쁜 친구의 영향만을 걱정하지 말고 어렸을 때부터 친구를 많이 사귈 기회를 주고 좋은 친구를 사귀는 방법을 배우도록 도와주는 것이 중요하다(동아일보, 1999. 8. 8.).

3) 대중매체의 영향

앞에서 언급했듯이 친구들의 영향 외에 대중매체의 영향도 무시할 수 없다. 아이들이 영화나 TV, 비디오에서 공격적인 장면을 보면 후에 유사한 상황이 일어났을 때 그들이 본 폭력을 흉내 낼 수도 있다는 것을 많은 연구가 말해 준다. 실제로 청소년이 폭력, 강간 등의 범죄들을 저지른 경우 그것의 모델이 되는 영화나 배우가 있는 경우가 많다. TV를 과다하게 많이 보고 영화나 비디오를 무분별하게 보면 현실 감각에 이상이 올 수 있다. 또한 요즈음 많이 보편화된 인터넷과 통신의 영향도 크다. 폭력과 음란 사이트에 쉽게 접할 수 있기 때문에 모방범죄가 많이 늘어나고 있는 추세다. 다음은 폭력적인 대중매체물이 우리 청소년들의 비행행동에 어떤 영향을 미치는지를 단적으로 보여 주는 사례다.

전남 목포에서 일어난 초등학생 피습사건을 수사 중인 목포경찰서는 10일 피아노 학원에 가던 9세 정 모 군을 흉기로 찌른 혐의상해로 15세 김 모 군에 대해 구속영장을 신청했다. 경찰에 따르면 김 군은 지난 7일 오후 2시께 모 아파트 단지 안에서 학원에 가던 정 군이 자신을 비웃고 갔다며 흉기로 찔러 전치 2주의 상처를 입힌 혐의를 받고 있다.

경찰조사 결과 김 군은 인터넷에 올라 있는 'Let's go'라는 일본 폭력물을 본 뒤 그대로 흉내 내기로 결심하고 범죄 대상을 고르다 학원에 가던 김 군을 선택한 것으로 드러났다.

경찰은 김 군이 본 일본 사이트는 성인이 망치로 어린이의 머리를 때리고 흉기로 찌르는 장면이 그대로 보이는 잔인한 폭력물 사이트라고 설명했다. 김 군은 대인기피증과 우울증으로 중학교를 휴학 중인 것으로 알려졌다.

경찰은 아파트 폐쇄회로에 찍힌 화면을 토대로 탐문수사를 벌인 끝에 김 군을 9일 오후 붙잡았으며, 증거물로 칼과 피 묻은 옷을 김 군의 집에서 찾아냈다(조선일보, 1999. 7. 10.).

청소년기의 한 가지 특징은 부모에 대한 이상화에서 벗어나 자신이 동일시 할 새로운 대상을 추구하려는 경향인데, 동일시 대상에 대한 선택의 기준이 불확실한 상태에서 무분별한 폭력물에의 노출은 청소년들로 하여금 힘 있는 자와의 동일시를 자극함으로써 비행행동으로 이어질 가능성이 크다. 특히 행위의 결과에 대한 예측 능력이 떨어질 경우, 충동적인 방식으로 동일시적인 욕구를 즉각적으로 해소하려 하기 때문에 그 위험이 더 크다고 볼 수 있다. ◆

6. 학습의 영향

클렉클리는 반사회성 성격장애의 증후군을 정의하는 데 있어서 경험을 토대로 학습하는 능력이 이들에게 없음을 지적하였다. 즉, 이들은 사회적 비행의 부정적 결과를 회피하려고 하지 않는다. 클렉클리는 또한 그들이 신경증을 갖고 있지도 않으며 거의 불안해하지 않는다고 하였다.

이를 토대로 리켄은 그들이 불안을 거의 경험하지 않기 때문에 반사회적인 행위를 하는 것을 억제할 줄 모르는 것 같다고 추론하였다. 그는 반사회성 성격장애자가 실제로 낮은 수준의 불안을 갖고 있는지를 알아보기 위해 몇 가지 검사를 하였는데, 그중의 하나가 회피학습avoidance learning 과제다.

리켄은 교도소에 있는 사람들 중에서 클렉클리가 세운 기준에 따라 남자 반사회성 성격장애자 집단을 선택하였다. 이들의 회피학습 과제상의 수행도는 대학생 및 반사회성 성격장애자가 아닌 다른 죄수의 수행도와 비교되었다. 피험자가 자기 앞에 주어진 과제가 고통을 회피하는 것을 학습하는 것이라고 사전에 지각하고 있다면, 피험자는 고통을 회피하고 싶어 할 뿐 아니라 실험자에게 자신이 재치 있다는 것을 입증해 보이고 싶어 할 수도 있다. 따라서 리켄은 다른 동기가 끼어들지 못하게 하기 위해서 회피학습 과제를 부수적인 과제로 만들었다.

리켄은 다음과 같은 장치를 사용하였다. 피험자 앞에 한 패널panel이 주어지는데, 거기에는 4개의 빨간불이 수평으로 배열되어 있고 그 밑에 4개의 녹색불이 각각 배열되어 있으며, 또 그 밑에는 4개의 레버가 각각 부착되어 있다. 이 실험에서 피험자가 해야 할 일은 20번 연속적으로 올바른 레버를 누르는 것을 학습하는 것이다. 그러나 매번 시행착오에 의해서 4개 중 올바른 것 하나를 선택해야 한다. 올바른 레버를 누르면 녹색불이 켜지지만 나머지 셋 중 2개의 레버를 누르면 실패를 표시하는 빨간불이 켜진다. 그리고 나머지 틀린 레버는 피험자에게 전기 충격을 준다.

물론 올바른 레버의 위치는 항상 같지 않다. 피험자는 맞는 레버를 20회 누르는 순서를 상상해 보고 학습하라는 말만 들을 뿐이다. 피험자는 충격을 회피하는 것이 바람직하거나 가능하다는 말은 듣지 못했으며, 과제를 잘 수행하게 하기 위하자극으로서 충격이 우선적으로 주어질 것이라고만 들었다. 따라서 이 과제에서는 학습에 대한 두 종류의 측정치가 산출되었다. 하나는 피험자가 20번을 연속적으로 올바른 레버를 누르는 것을 배우기 전에 실수한 총 횟수이고, 또 다른 하나는 피험자에게 쇼크를 안겨 준 실수의 횟수다. 회피의 정도는 두 번째의 지표에 의해 측정되었다.

실패의 총 횟수에서는 집단 간에 의미 있는 차이가 없었다. 그러나 대학생 집단은 쇼크를 가져온 레버의 순서를 가장 잘 기억하는 것 같았고, 따라서 쇼크를 수반하는 실수의 비율이 급격히 감소했다. 반사회성 성격장애자들이 쇼크가 뒤따른 실수의 수효가 가장 많았지만, 이들의 쇼크받은 횟수와 다른 죄수들의 횟수 간의 차이는 통계적으로 의미 있는 수준에 근접했을 뿐이었다. 따라서 리켄의 연구 결과는 반사회성 성격장애자들이 정상인들보다 낮은 수준의 불안 상태에서 활동한다는 가설을 잠정적으로 지지해 줄 뿐이다.

리켄의 개척적 연구는 샤흐터Schachter와 라탄Latan에 의해 계속 이어졌다(Schachter & Latan, 1964). 이들은 반사회성 성격장애자들이 불안을 거의 느끼지 못하기 때문에 불쾌한 자극을 회피하는 것을 학습하지 못한다면, 불안을 증가시키는 절차가 처벌회피 학습에 도움이 될 것이라고 추론하였다. 그들은 불안이 교감신경계의 활동과 관련된다고 상정하고 불안을 증

가시키기 위해 교감신경계의 활동과 비슷한 효과를 나타내는
약물인 아드레날린을 주사했다.

반사회성 성격장애 죄수와 그렇지 않은 죄수들에게 리켄
이 고안한 것과 똑같은 과제와 장치를 학습하게 하였다. 이번
에는 피험자들에게 호르몬이 학습에 미치는 영향을 조사한다
고 믿게 하고 각 피험자를 2번씩 검사하였다. 첫날에는 피험
자의 반수에게는 가짜 아드레날린을 주사하고 나머지 반에게
는 진짜 아드레날린을 주사하였다. 둘째 날에는 반대로 주사
하였다.

샤흐터와 라탄의 실험 결과는 여러 가지 면에서 중요하다.
우선, 실수의 총 횟수가 리켄의 결과를 확인해 주고 있다. 즉,
반사회적 죄수와 그렇지 않은 죄수는 아드레날린을 맞았든 가
짜 아드레날린을 맞았든 관계없이 레버 누르는 순서를 학습하
는 과정 중 범한 실수의 총 횟수에 차이가 없었다.

둘째, 가짜 아드레날린을 주사 맞은 반사회성 성격장애가
아닌 죄수들은 많은 시행 후에는 쇼크받은 실수의 횟수가 크
게 감소했다. 그러나 가짜 약을 주사 맞은 반사회성 성격장애
죄수들은 그런 향상을 보이지 않았다. 이때 두 집단 죄수들의
수행도 간 차이는 리켄의 실험에서 밝혀진 것보다 더 커서 통
계적인 의의도 수준을 훨씬 넘어섰다.

세 번째가 가장 중요한 것인데, 아드레날린을 주사했을 때

반사회성 성격장애자는 쇼크받은 실수의 횟수가 크게 감소했
지만, 반사회성 성격장애가 아닌 죄수들은 아드레날린에 의
해 수행도가 떨어졌으며, 높은 각성 상태에서 쇼크를 회피하
는 것을 학습하지 못했다. 이러한 연구 결과는 반사회성 성격
장애가 불안이 없고 각성수준이 낮다는 가설을 강력하게 지
지한다.

샤흐터와 라탄의 가설은 또 다른 연구에서 확인되었다. 반
사회성 성격장애자 및 그 밖의 피험자들에게 충격회피학습검
사shock avoidance learning test를 참여시키고 과제를 수행하는 동안
다양한 강도의 소음을 들려주었는데, 각 집단마다 피험자들을
세 그룹으로 나누어 각각 35dB, 65dB, 95dB의 소음을 들려
주었다. 이와 같이 각기 다른 수준의 소음은 샤흐터와 라탄의
연구에서의 아드레날린처럼 각각 다른 수준의 각성을 일으킬
것이라고 기대되었다. 또한 반사회성 성격장애자들은 소음의
강도가 강해짐에 따라서 충격을 보다 즉각적으로 회피하는 것
을 학습할 것이라고 기대되었는데, 결과는 예상한 대로였다.

그 후 이어진 회피학습 연구 결과도 다른 연구들과 마찬가
지로 리켄의 연구 결과를 뒷받침해 준다. 쉬마이크Schmauk는
돈을 잃는 것 같은 특정한 유형의 처벌이 반사회성 성격장애
자들에게 영향을 미칠 수 있음을 보여 주었다(Schmauk, 1970).
그는 반사회성 성격장애 죄수들로 구성된 실험집단과 반사회

성 성격장애가 아닌 죄수들, 그리고 농장 작업자 및 병원의 직
원들로 구성된 통제집단을 조사했다. 선행 연구들에서와 마찬
가지로 회피학습 과제가 주어졌지만, 이번에는 세 종류의 각
기 다른 혐오자극을 회피해야만 했다. 이들에게 주어진 혐오
자극은 물리적 처벌전기 충격, 유형적 처벌40개의 물건 중에서 1/4을 잃
는 것, 그리고 사회적 처벌피험자에게 실험자가 "틀렸다." 라고 말하는 것 등
3가지다.

과제를 통달하기 전에 실수한 총 횟수상에서는 집단 간에
차이가 없음이 다시 한 번 발견되었다. 이 연구의 결과는 반사
회성 성격장애자의 회피수행도가 처벌의 성질에 따라 달라진
다는 것을 시사한다. 그들이 직면한 처벌이 전기 충격 같이 물
리적이거나 실험자가 "틀렸다."고 말하는 것 같이 사회적인
처벌일 때는 처벌을 회피하기 위한 학습수행도가 반사회성
성격장애자보다 통제집단이 더 우세했다. 그러나 반사회성
성격장애자들도 돈을 잃는 것 같이 직접 느껴지는 처벌에 대
한 회피학습은 더 잘했다. 비반사회성 성격장애 죄수들은 물
리적 처벌을 회피하는 데 있어서는 반사회성 성격장애자보다
더 잘했지만, 사회적 처벌에 대해서는 뒤떨어졌다. 따라서 반
사회성 성격장애자들도 처벌을 회피하는 것을 학습할 수 있
는 것 같다.

선행 연구들에서 발견된 반사회성 성격장애자들과 비반사

회성 성격장애자들 간의 차이는 회피학습 능력상의 일반적 결손을 반영하는 것이 아니라, 어떤 종류의 처벌들은 반사회성 성격장애자들에게 아무런 의미가 없다는 사실을 반영하는 것일지 모른다. 확실한 것은 반사회성 성격장애자들이 자신의 가치체계와 관련된 처벌은 회피하는 것을 학습할 것이란 점이다. 돈이 그들에게 특히 중요해 보인다.

지금까지 논의된 회피학습 연구들에서는 틀린 반응들 중 특정한 반응을 하였을 때 처벌이 필연적으로 뒤따랐다. 그러나 현실에서는 많은 범죄행위가 미해결인 채로 남아 있다. 실생활에서는 반사회성 성격장애자들의 처벌이 사실상 불확정적인 상황 속에 있는 셈이다. 어떤 임상가들에 의하면, 반사회성 성격장애자들은 자신의 반사회적 행동이 처벌받지 않을 것이라고 거의 미신적으로 믿고 있다고 한다. 따라서 반사회성 성격장애자들은 불확정적인 처벌에 특히 둔감하다고 볼 수도 있다.

한 연구에서 이러한 가설을 조사했다. 지겔Siegel은 반사회성 성격장애자, 비반사회성 성격장애 죄수, 그리고 대학생 집단을 대상으로 카드게임을 시켰다(Siegel, 1978). 여기서 처벌은 돈으로 환전될 수 있는 포커칩을 잃는 것이었으며, 칩을 잃는 확률을 다르게 조작하였다. 실험 결과, 기대한 대로 칩을 잃을 확률이 중간대인 40~70% 사이에 있을 때에는 반사회성

성격장애자에 대한 처벌의 영향이 가장 작았다. 또한 반사회
성 성격장애자들은 질 확률이 중간대에 있었던 한 판 이후에
칩을 계속해서 잃을 확률을 과소평가했다. 반면에, 이런 상황
속에서 비반사회성 성격장애 죄수들 및 대학생들은 칩을 잃는
모험을 하는 것에 대하여 그렇게 태연해하지 않았다. 이 연구
역시 선행 연구 결과들과 마찬가지로 반사회성 성격장애자들
은 처벌의 영향을 덜 받았다. 보다 중요한 것은 이들은 실수했
을 때 처벌이 확실히 뒤따르지 않으며 처벌이 주어지지 않을
것이라고 믿고 있는 것처럼 행동했다는 점이다. ◆

반사회성 성격장애를
어떻게 치료할 것인가

3

1. 반사회성 성격장애의 치료 이론

반사회성 성격장애의 치료에 대해서는 다양한 학파의 치료자들 간에 일치된 의견이 있는데, 불행하게도 그것은 반사회성 성격장애자는 사실상 치료하기가 불가능하다는 것이다.

클렉클리가 말한 고전적 증상을 가진 사람들은 본질적으로 어떠한 형태의 심리치료에서도 도움을 받을 수 없을지 모른다. 그 이유는 그들이 치료자와 어떠한 형태로도 신뢰롭고 솔직한 관계를 형성할 수 없기 때문이다. 자신이 거짓말하는지를 거의 의식하지 못한 채 거짓말을 하고, 타인의 감정을 거의 개의치 않으며, 자신의 감정은 더욱더 이해하지 못하고, 자신이 하고 있는 행동이 도덕적으로 잘못된 일이라는 것을 인식하지 못하는 것처럼 보이며, 사회의 법률과 관습에 복종하려는 동기가 없고, 단지 현재를 위해서만 살 뿐 미래에 대해서는 아무런 관심이 없는 사람은 치료에 가장 부적당한 사람이다.

실제로 반사회성 성격장애 환자들을 치료한 경험이 많은 한 임상가는 다음과 같은 3가지 원칙을 제시했다. 첫째, 치료자는 환자가 조종하려는 것에 대하여 계속적으로 주의를 기울여야 한다. 둘째, 환자가 제공하는 정보에 대해서는 다른 방법으로 증명될 때까지 왜곡되고 조작되어 있다고 가정해야 한다. 셋째, 치료자는 반사회성 성격장애 환자와 어떠한 치료관계가 형성된다 하더라도 매우 늦게 발전된다는 것을 인식해야만 한다.

치료 과정에서 반사회성 성격장애자들과 돈독한 관계를 수립하기 위해서 과감한 시도가 많이 이루어졌다. 그러나 출판된 문헌과 정신건강 전문가들 사이에서의 비공식적 의사전달 내용은 반사회성 성격장애자들에게는 임상적 노력에 의해서 접근할 수 없다는 결론을 지지한다. 신체적 방법, 즉 전기 충격, 딜란틴 같은 약물, 자극제, 진정제, 그리고 수술에 대해서도 마찬가지로 부정적 결론들이 도출된다. 그러나 항불안제를 다량 투여하면 반사회성 성격장애자의 적대감을 감소시킬 수 있다는 증거는 있다.

많은 반사회성 성격장애자가 유죄 판결을 받고 감옥에서 시간을 보내기 때문에 재활로서의 징역살이로 인한 부정적인 결과들은 최소한 부분적으로도 반사회적 행동을 수정시킬 수 없다는 것이다. 범죄학자들이 되풀이해서 말했듯이 현대의 교도소 체계는 범죄자들과 반사회성 성격장애자들이 갱생할 수 있는 장소라기보다는 오히려 범죄를 위한 학교로서 움직이고 있는 것 같다. 미국의 검찰총장이었던 클라크는 다음과 같이 말했다. "오늘날 미국에서 감옥은 범죄의 생산공장인 경우가 많다…. (감옥은) 인간을 가두어 두는 장소에 불과할 뿐이다. 즉, 타락한 인간들을 모아 둔 창고일 뿐이다."

1970년대에 미국에서는 죄수들을 위한 새로운 치료 프로그램을 개발하는 데 관심을 집중했다. 매우 난폭한 죄수들을 대상으로 조작적 조건형성 전략이나 토큰 강화와 같은 치료계획이 수립되었고, 다루기 쉬운 죄수들에 대해서는 자신의 행동에 대한 책임을 지도록 격려하는 집단치료법들이 활용되었다. 그러나 감옥에서의 치료는 위헌이라는 인권옹호 집단의 주장을 포함한 여러 가지 이유 때문에 현재는 죄수들을 대상으로 한 치료적 노력이 더욱 줄어들고 있다. 사실상 현재의 흐름은 교도소에 수감시키는 것을 사회에 적대적인 행위를 한 것에 대한 처벌로서만 간주할 뿐, 죄수들을 도와서 석방 후에는 '올바르게 살도록' 하는 데에는 거의 주의가 기울여지지 않고 있다.

죄수 감금을 찬성하는 사람들은 반사회성 성격장애자들이 중년기 및 그 이후에 그 증상이 '호전되는' 경우가 흔하다는 근거를 든다. 많은 반사회성 성격장애자는 40세가 가까워지면 생리적 변화, 자신의 패배적인 본성에 대한 궁극적 통찰, 또는 단순히 지쳐서 자신의 기만적인 방식을 계속할 수 없어 부적응 정도가 약해진다. 그러므로 감옥은 '활동적인' 반사회성 성격장애자들의 반사회적 행동으로부터 사회를 보호해 줄 수 있다는 것이다. ◆

2. 일반적인 심리치료

성격장애 중 반사회성 성격장애가 가장 많이 연구되었지만, 반면에 이들은 치료자가 가장 피하고 싶어 하는 대상이기도 하다. 이들은 치료적 상황에서조차 거짓된 말과 행동을 하고, 훔치고 위협을 하는가 하면, 무책임하고 기만적인 행동도 서슴지 않는다. 따라서 전통적인 정신과 영역에서는 이들에게 정신병질자, 사회병질자 혹은 성격파탄자라는 이름을 붙여 치료가 불가능한 질환으로 여겼다. 이들은 범죄자이므로 정신의학의 추구 대상이 될 수 없다고 주장한 사람들도 있다.

그러나 임상적 경험으로 볼 때 이들은 전혀 치료되지 않는 환자로부터 어떤 조건하에서는 치료가 가능한 환자에 이르기까지 그 범주가 하나의 넓은 띠를 형성하고 있다고 볼 수 있다. 따라서 도움을 받을 수 있는 환자의 경우에는 가능하면 이들을 이해하려고 노력하고 이들에 대하여 최상의 치료를 해 보고자 하는 것이다.

심한 반사회성 환자는 외래에서 개인심리치료를 받는 경우 실패하기 쉽다. 이 경우에는 충동을 제어하기 위한 제한적 환경이 존재하지 않기 때문에 감정들은 행동을 통해 방출될 것이 분명하다. 또한 환자들의 도착적인 거짓말과 사기행각들로 인하여 치료자는 환자의 생활에서 진정으로 무엇이 진행되고 있는지 알지 못할 것이다. 반면에, 수용이나 입원 상황에서는 선택적인 소집단을 위한 심리치료에 한하여 긍정적인 결과가 생길 수도 있다. 입원치료에서와 같이 치료자의 임무는 결과가 불확실한 장기치료 과정에 필요한 시간과 열정 그리고 금전적 부담을 어떤 환자에게 쏟을 것인가를 결정하는 것이다.

반사회성 성격장애 환자들을 평가하는 치료자들은 '아무런 치료도 권고하지 않는 것'에 대하여 편안하게 느낄 줄 알아야 한다. 이러한 결정은 환자의 강한 면과 약한 면 그리고 환자가 자신을 치료하려고 시도하는 사람들에게 가할 수 있는 위험에 비추어 볼 때 오히려 완벽하게 합리적인 결정일 수도 있다.

멜로이Meloy는 이들에 대한 심리치료에서 자신의 광범위한 경험을 토대로 어떠한 형태의 심리치료에도 절대적으로 금기해야 하는 5가지의 임상 양상들을 찾아냈다. 그것은 다음과 같다(Meloy, 1988).

- 타인에 대한 가학적 · 폭력적 행동으로 심각한 손상이나 죽음을 초래한 경우
- 이러한 행동에 대하여 뉘우침이나 합리화가 전혀 없는 경우
- 지능이 매우 높거나 혹은 경중의 지적장애인 경우
- 개인력으로 볼 때 타인과 정서적 애착을 형성할 능력이 없는 경우
- 환자 쪽에서 그럴 만한 행동이 없었을지라도 경험 많은 치료자가 손상을 받을 강력한 역전이적 공포를 갖게 되는 경우

타인에 대한 가학적 잔인성, 뉘우침이 전혀 없음, 그리고 정서적 애착 결여 등은 치료가 가능한 자기애성 성격장애 환자로부터 반사회성 성격장애 환자를 구별해 내는 중요한 임상 양상이다. 치료자에게 개인적 안전에 대한 두려움을 갖게 하는 소름끼치는 역전이 감정들은 치료자를 얼어붙게 만들고 치료에서 아무런 건설적 노력도 하지 못하도록 한다. 비록 모순이 되는 금기사항이지만 환자가 극도로 명석하다는 것은 치료과정을 방해하는 데 능통하다는 것을, 우둔하다는 것은 치료자의 치료 기법들을 파악하는 인지적 능력이 부족하다는 것을 의미한다.

심한 반사회성 환자에게 심리치료를 시도하려는 치료자는 환자를 즉각적으로 직면시킬 수 있어야 한다. 그렇게 하지 않으면 반복해서 기만을 당할 것이다. 왜냐하면 치료자의 목적이 단호하게 진실을 추구하는 것이라고 한다면 환자의 목적은 기만하는 것이기 때문이다. 또한 치료자는 속지 않기 위하여 정성스럽게 모든 노력을 기울이더라도 결국은 속고 말 것이라는 사실을 받아들여야 한다. 반사회성 성격장애 환자와의 치료적 동맹은 존재하지도 않으며, 존재한다고 해도 그저 이따금씩 짧은 순간 빛을 내는 반딧불 같은 협조만이 있을 뿐이다.

타인을 기만하거나 속이는 것이 반사회성 성격장애 환자의 삶의 방식이다. 이들은 치료자를 속일 때마다 강력한 즐거움을, 심지어 쾌감까지도 경험한다. 치료자의 긍정적 성품에 대한 무의식적 질투심이 이런 반복적 기만을 일으킬 수도 있다. 질투심에 대한 방어로 생겨난 경멸감에 성공적으로 속임으로써 얻어진 승리의 쾌감이 추가된다. 또 치료자와의 의미 있는 관계를 회피함으로써 질투심을 없앨 수도 있지만 이렇게 되면 환자는 공허감에 휩싸이게 된다.

만일 이들이 기만할 것이라는 사실을 치료자가 받아들일 수 있다면, 이들 환자 군은 경험이 많은 치료자들의 권유에 기초한 심리치료를 진행할 수 있을 것이다. 이것은 다음과 같은 6가지 기본적 원칙들로 요약할 수 있다.

첫째, 치료자는 안정되고 꾸준하며 전적으로 결백해야 한다. 치료자는 정상적인 치료 과정을 유지하는 데 있어서 그 어떤 환자 집단에서보다도 더 절대적으로 빈틈이 없어야 한다. 구조나 시간을 변경해서도 안 된다. 반사회성 성격장애 환자들은 치료자가 비윤리적이고 부정직한 행동을 하게 만들기 위해서는 어떤 일이라도 할 것이다. 〈게임의 집House of Games〉이라는 영화에서는 치료자가 자신의 역할을 넘어서서 반사회성 환자의 생활에 지나치게 깊이 개입하여 이들을 도우려 하는 행위가 얼마나 위험한 일인지를 상세히 보여 주고 있다.

둘째, 환자가 반사회적 행동을 하였다는 사실을 부정하고 그 의미를 축소시키려 한다는 것을 계속해서 직면시켜야 한다. 도착적 부정은 반사회성 환자의 언어 선택에서도 드러날 것이다. 만일 환자가 "내가 그놈을 발가벗겼지요."라고 한다면, 치료자는 "그러니 당신은 도둑이로군요."라고 분명하게 말해 줄 필요가 있다. 만일 환자가 "내가 멋 부리는 그 녀석을 없애버렸지요."라고 말한다면, 치료자는 "그렇다면 당신은 살인자라는 말이로군요."라고 반응함으로써 환자를 직면시킬 수 있을 것이다. 치료자는 이러한 반복적인 직면 기법을 통하여 환자가 모든 책임을 남의 탓으로 돌리는 경향이 있다는 것을 알도록 도울 수 있다. 환자들은 이를 통해 자신의 반사회적인 행동에 대하여 자신에게 책임이 있다는 것을 인식하고 반아들이기 시작할 것이다.

셋째, 환자가 자신의 행동을 내적 감정에 연결시킬 수 있도록 도와야 한다. 입원한 반사회성 환자와 똑같이 개인심리치료를 받는 환자도 이런 면에서 교육이 필요하다.

넷째, 과거로부터의 무의식적 자료들에 대하여 해석을 하는 것보다는 지금 여기서의 행동들을 직면시키는 것이 더 효과적이다. 특히 환자가 치료자의 명예를 훼손하려 하거나 치료 과정을 경멸적으로 평가절하하는 것에 대해서는 반드시 반복해서 직면시켜야 한다.

다섯째, 치료자의 행동화를 피하기 위하여 역전이는 반드시 지속적으로 감시되어야 한다. 환자의 협력이 저항을 최소한으로 줄이는 방법이기는 하지만, 환자와 결탁하는 것은 신중하게 회피하지 않으면 안 된다.

여섯째, 환자가 호전될 것이라는 과도한 기대는 버려야 한다. 반사회성 환자들은 이러한 치료적 열정을 쉽게 알아차릴 것이며, 따라서 자신을 변화시키려 하는 치료자의 소망을 훼방하는 것에서 쾌감을 느낄 것이다. 환자가 호전되는 것에 자신의 자존심을 걸고 있는 치료자들은 반사회성 환자를 치료해서는 안 된다.

반사회성 성격장애 환자들을 대상으로 한 심리치료는 아주 느리게 진행된다. 어떤 수준에서는 환자들이 치료를 과장된

자기에 대한 위협으로 경험한다. 이들은 자신의 소중한 과장
성을 포기하지 않기 위하여 치료의 매 단계마다 치료자와 투
쟁할 것이다. 따라서 치료자들은 이러한 저항을 인식하고 환
자의 내적 결집력이 과장된 자기개념에 좌우된다는 것을 알아
야 한다. 치료자는 치료가 진행되는 오랜 기간 동안 은근하거
나 노골적인 환자의 위협에 의하여 얼어붙는 듯한 느낌을 받
게 될 수 있다. 이러한 위협은 치료자의 능력을 감소시키고 그
의 노력을 효과적으로 무효화한다. 환자에 의하여 치료자가
희생당하는 것을 피하기 위하여 이러한 환자의 시도를 지속적
으로 조정해 나가야 한다.

　반사회성 환자들을 치료하는 사람은 환자의 반사회적 행동
들을 대할 때 중립적인 입장을 취하려 해서는 안 된다. 그러한
행동은 결국 환자의 행동에 대하여 무언의 승인을 하거나 환
자와 결탁하는 것과 같은 행위다. 뿐만 아니라 치료자의 도덕
적 판단이 언어적·비언어적 의사소통의 곳곳에 배어 나올 것
이며, 따라서 환자는 중립적 입장을 취하려는 치료자의 노력
을 위선으로 볼 것이다. 치료자가 환자의 행동으로 인하여 충
격을 받았다면 치료자는 단순하게 그렇다고 말하여야 한다.
자기심리학적인 방법에 따라 환자에게 공감하는 것은 이들 환
자의 경우에는 잘못된 것일 뿐만 아니라 환자와 결탁하는 것
이 될 수도 있다. ❖

3. 다양한 심리치료적 접근

1) 정신역동적 심리치료

반사회성 성격장애자에 대한 정신역동적 심리치료가 성공하였다는 보고는 상대적으로 매우 적다. 사실 반사회성 성격장애자에 대한 정신역동적 심리치료가 그들의 반사회적인 행동 패턴을 변화시킬 수 있는지에 대해서는 비관적인 견해가 많다. 반사회성 성격장애자에 대한 역동적 치료가 어려운 이유는 내담자 선발의 문제와 치료 자체가 지니고 있는 특성에 기인한다고 볼 수 있다.

분석가들은 치료 초기에 치료자가 해야 할 중요한 과제는 환자가 확실한 성과에 대한 기대 없이 장기간의 치료를 받을 수 있는 시간과 에너지가 있는지, 그리고 경제적인 여건이 허락하는지의 여부를 판단하는 것이라고 충고하고 있다. 앞서

멜로이가 언급했듯이 가학증적인 행동을 보이거나 타인에 대해 폭력을 행사한 경험이 있는 환자, 그러한 행동에 대한 뉘우침이나 후회감이 전혀 없는 환자, 정서적인 애착을 형성할 수 있는 지속적인 능력이 없는 환자, 치료 과정에 영향을 미칠 정도로 지능이 현저히 높거나 낮은 환자, 치료자에게 자신의 안전에 대한 위협을 느끼게 하여 역전이 문제가 대두되는 환자 등은 개인심리치료에 적절치 않다. 그리고 이러한 특징이 많으면 많을수록 치료에 대한 예후도 좋지 않다. 그런데 실제로 이는 반사회성 성격장애의 전형적인 특징이므로 반사회성 성격장애는 정신역동적 심리치료에 적합한 내담자 집단은 아니라고 할 수 있다.

상대적으로 자기애적 성향을 지니고 있는 반사회성 성격장애자들은 심리치료에 적합한 편이다. 이들은 치료 과정에서 전이에 의존하는 경향이 있으며, 그들의 이상화된 내면적인 대상은 상대적으로 덜 공격적인 편이기 때문이다. 주요 우울장애를 보이는 환자들도 심리치료에 적합하다는 보고도 있다. 그러나 무엇보다도 성공적인 치료를 예견하는 변인은 치료 과정에서 작업동맹을 형성할 수 있는 능력이 있느냐의 여부다. 또 하나의 변인은 환자의 성별이다. 한 연구에 따르면 여자 환자들이 남자 환자들보다 심리치료의 예후가 좋으며, 통찰지향적인 심리치료에 더 적절하다는 결과가 있다.

치료적 입장과 개입 방법 및 기술 역시 반사회성 성격장애자에 대한 성공적인 치료 여부를 좌우하는 중요한 변인이다. 전통적인 역동적 심리치료에서 치료자에게 요구되는 '절제의 원칙'은 반사회성 성격장애자에 대한 치료에 적합치 않다. 치료자가 절제의 원칙을 지킨다는 것은 반사회적인 행동에 대한 암묵적인 동의와 같기 때문이다. 대신에 적극적이고 직면적인 치료적 입장이 요구된다. 치료자는 반사회적 행동의 의미를 최소화하려 하고 부인하려고 하는 환자들의 시도를 끊임없이 직면시킬 필요가 있다. 더욱이 직면은 환자의 과거 무의식적 재료에 대한 해석보다는 지금 여기에서의 행동에 초점을 두어야 한다.

정신역동적인 견해에서 결정적으로 중요한 것은 치료자가 환자에게 환자의 행동과 내면적인 상태를 연결지어 생각하도록 도와주는 데 있다. 또한 환자가 치료를 통해 어느 정도 변할 것이라는 예견을 할 때 상당히 현실성 있는 기대를 가져야 한다는 점이다. 분석가들은 반사회성 성격장애자들이 자신들이 변하기를 바라는 치료자의 소망을 따르지 않고 교묘하게 방해하는 것을 통해 기쁨을 맛보는 경향이 있다고 주의를 준다.

역전이의 문제는 반사회성 성격장애자들과 작업하는 데 있어서 아주 중요한 문제다. 역전이는 대개 기만과 공모라는 두 가지 양상으로 드러난다. 기만은 환자가 실제로는 그렇게 나쁘지 않다고 치료자가 합리화시키는 것에서 비롯된다. 공모와 결탁은 기만보다 더 문제가 되는 역전이다. 반사회성 성격장애자들은 치료자를 자신의 비윤리적인 행위에 공모시키기 위해서라면 어떤 일이라도 하려는 경향이 있기 때문에, 치료자는 안정되고 일관성이 있으며 잘 매수되지 않는 자세를 견지해야 한다. 반사회성 성격장애자들은 울먹거림, 슬픔, 후회 등을 통해서 치료자가 자신들을 동정하도록 조종할 수 있기 때문이다.

2) 인지행동치료적 접근

인지치료자들은 반사회성 성격장애자를 치료하기 위해 많은 논의를 해 왔다. 그들은 반사회적인 환자들과 치료적 협력관계를 형성하는 것이 매우 어렵다는 점을 우선 지적한다. 이들은 치료자를 불신하고, 도움을 받아들이는 데 불편해하며, 치료에 대한 동기가 거의 없기 때문이다.

치료자는 이들과 치료적인 협력관계를 형성하기 위해서는 힘겨루기를 피해야 하고 통제하려는 듯한 태도를 비추지 말아야 한다. 그리고 그들이 조종하고자 하는 행동을 취하려 한다는 점을 일단 받아들이는 자세가 필요하다. 반사회성 성격장애자들이 치료 초반에 치료를 포기하는 것을 막기 위해서는 치료자가 우선 점차적으로 신뢰를 형성해 가고, 이들이 지니고 있는 장점과 능력을 인정해 주며, 이들이 어떤 단점이 있는지를 꼬집는 것을 삼가야 한다.

한편, 조기 종결은 이들이 우울이나 불안과 같은 심리적인 고통이 급격히 사라질 때 나타날 수도 있다. 이 경우 환자들은 부인하고 최소화하려고 하겠지만 그럼에도 불구하고 치료자는 환자에게 남아 있는 심리적 고통을 알아주고 관심을 보여야 한다.

치료적 목표에 대한 합의가 이루어지고 나면 문제해결적인 접근과 행동적인 전략을 취하는 것이 좋다. 또한 구체적인 문제 상황에 초점을 맞추어 접근해야 한다. 예컨대, 만일 충동조절 능력이 부족하고 행동화하거나 분노를 적절하게 표현하지 못하는 환자에게는 충동통제나 분노조절 전략을 사용하면 좋다. 이들이 자신의 충동을 더 잘 통제할 수 있게 되고 행동의 결과를 더 잘 예측할 수 있게 되면 치료적 초점은 자동적 사고나 내재된 도식을 수정하는 것으로 변경될 수 있다. 이처럼 행동적인 접근을 먼저 취하고 나중에 인지적인 접근을 취하는 방식은 반사회성 성격장애자들이 심리치료에서 자신들의 생각과 감정을 다루는 것에 대한 기본적인 저항을 줄여 주고 좀더 자연스럽게 자신을 노출할 수 있도록 하는 효과가 있다.

반사회성 성격장애 환자들이 치료를 종결할 시점에서는 재발방지 전략을 도입하는 것이 도움이 된다. 환자들은 반사회적인 생각이나 행동을 촉발시키는 사람, 장소 그리고 환경에 노출될 때 반사회적 행동 패턴이 반복될 가능성이 많기 때문에 이에 대비한 예방적 조치가 필요하다. 이들에게 충분한 사회적 기술을 습득시킴으로써 이전의 파괴적이고 폭력적인 대응 패턴과는 다른 대안적인 행동 패턴을 사용하여 대처할 수 있도록 도울 수 있다. 인지치료는 반사회적인 행동을 줄인다는 측면뿐만 아니라 친사회적인 행동양식을 더욱 잘 적용할 수 있도록 돕는다는 점에서 효과적인 치료 방법이라고 할 수 있다.

요컨대, 인지치료 모델이 가정하고 있는 것은 정서와 행동의 변화는 개인이 지니고 있는 핵심적인 문제 영역에 관한 기본적 가정, 즉 인지를 평가하고 검증하며 현실적으로 수정함으로써 이루어질 수 있다고 본다. 반사회성 성격장애자에 대한 인지치료는 인지 기능을 향상시킴으로써 도덕적 사회적 행동을 개선시키는 것으로 개념화할 수 있다.

인지적 관점에서 보면 반사회성 성격장애자는 자신의 행동에 대한 결과를 예측하고 반응하는 기술이 부족한데, 특히 다양한 상황을 고려해 볼 수 있는 인지 능력에 결함을 지니고 있다. 따라서 인지치료는 반사회성 성격장애자들의 구체적이고 즉각적인 사고 패턴을 알아보고 이를 바꾸어서 보다 많은 가능성과 대안적인 신념을 고려할 수 있도록 설계되어야 한다.

범죄자들에 대한 심리치료나 행동변화 프로그램들은 반사회성 성격장애자의 인지행동치료 프로그램으로 모두 통합해서 사용할 수 있을 것이다. 반사회성 성격장애자들이 흔히 보이는 인지적 결함과 특징은 다음과 같다.

(1) 제한된 행동 레퍼토리

반사회성 성격장애자들이 대인관계에서 융통성 있는 다양한 행동 레퍼토리를 갖지 못하기 때문에 폭력과 같은 비효율적인 행동을 하게 되는 것으로 볼 수 있다. 해어와 같은 심리학자는 반사회성 성격장애자들이 정상인에 비하여 보다 많은 행동 레퍼토리를 가지고 있다고 주장하지만, 다른 여러 연구에서는 이들이 자기표현 능력에 결함이 있어서 쉽게 공격적인 행동을 하게 된다고 보았다. 따라서 공격적인 행동 대신에 말로 자기를 표현할 수 있는 사회 기술을 습득하도록 도와줌으로써 폭력행동을 줄일 수 있을 것이다.

또한 이들의 세상에 대한 지각방식을 보면, 자기와 관련된 여건에 지나치게 주목함으로써 객관적인 상황 판단에 결함을 드러낸다. 예를 들어, 자신들이 좋아하지 않는 행동을 어떤 교도관이 보였을 경우, 그 행동이 어느 정도 타당한지 혹은 상황에 따른 행동인지를 합리적으로 판단하기보다는 그런 행동을 교도관 자신의 세력을 과시하려는 것으로 단정 짓고 그런 자신의 결론에 따라 반항하거나 아부하는 식의 반응을 보인다. 이렇듯 반사회성 성격장애자들의 지각은 한정되어 있으므로 상황에 대해 보다 효율적인 귀인을 할 수 있도록 상황을 분별하는 훈련이 필요하다.

(2) 좌절 시의 행동을 계속하려는 경향

이들은 욕구가 좌절되었을 경우에 이를 돌이켜 보고 자기의 욕구 추구방식을 바꾸거나 적절한 대안을 모색하기보다는 좌절케 한 행동을 반복하려는 경향이 있다. 치료자는 이런 행동에 대해서 반사회성 성격장애자로 하여금 자신의 좌절행동을 직면하게 하고 이를 검토하면서 대안을 찾도록 돕는다.

이들이 좌절시의 행동을 지속하려는 것은 자신의 행동이 야기할 수 있는 결과를 예측하고 이해할 수 있는 능력이 부족하기 때문이라고 할 수 있다. 이에 대한 효율적인 치료 방법은 자신이 원하는 것이 무엇인지를 명확히 한 다음 좌절이나 실패 없이 자신이 원하는 바를 효율적으로 얻을 수 있는 방법을 찾도록 하는 데 초점을 두는 것이다. 이와 동시에 현재 행동을 유지시키는 이들의 합리화 책략에 도전하는 방법을 동원한다. 이때 조심해야 할 점은 부정적인 결과가 어디에서 비롯되었는지를 검토하기보다는 이들이 현실을 다른 방식으로 볼 수 있도록 도와주는 것이다.

(3) 타인을 대상물이나 방해물로 인식하는 경향

반사회성 성격장애자들은 타인을 단지 자신의 욕구를 충족시키기 위한 대상 또는 방해물로 보며, 치료 장면에서도 그러한 태도를 보인다. 인지치료를 통해서 이들이 타인과 상호작용하는 방식을 바꾸어 줄 수도 있지만 바람직한 수준의 변화는 어렵다는 점을 미리 알고 치료해야 한다. 즉, 치료의 목표를 타인을 해치지 않는 방식으로 관계를 맺는 데 두어야 한다. 치료가 잘된다고 하더라도 진지하고 공감하는 인간관계를 형성하게 하기는 어렵다는 것이 치료자들의 일반적인 견해다.

3) 사회적 기술 훈련과 폭력행동 예방

반사회성 성격장애자의 치료와 재활의 중요한 목표는 불법적이고 반사회적인 행동을 억제시키고 수용기관 내에서 합리적인 대안행동을 발달시켜 이를 사회생활에 활용할 수 있도록 하는 것이다. 그러나 심리적 · 사회적 · 경제적인 이유와 현재 지식수준의 한계로 인해 이러한 목표를 달성하기는 쉽지 않다.

사회기술 훈련 모델에서는 사회적인 관계 속에서 사회적인 기술을 적절하게 발휘할 수 없을 때 폭력적인 행동을 일으킬 수 있다고 본다. 폭력 범죄자들을 대상으로 한 연구 결과, 폭력적인 행동에는 공격자와 희생자의 상호작용 양상이 매우 중요하다는 견해가 있다. 예를 들어, 자아상을 고양시키는 사람은 동료관계에서 상대방에게 굴욕감을 줌으로써 폭력행동을 유도하는 반면, 사회적 기술이 결핍된 공격자들은 이런 상황에서 언어적으로 대처할 능력이 없기 때문에 폭력을 사용할 가능성이 높아진다.

이와 같은 분석은 사회기술 접근 방법과 매우 일치하는 것이며, 나아가 사회기술 훈련의 발달을 촉진시킨다. 폭력적인 대인관계를 수정하는 방법으로 교육, 모델링, 역할 연습, 피드백, 자기표현 훈련 등이 주로 사용되고 있다.

한편, 폭력적인 행동을 유발시킬 수 있는 인지 과정도 중요한 치료적 개입의 대상이다. 분노 경험에 대한 스트레스 면역 모델은 인지적 요소의 중요성에 강조점을 두고 있다. 이 모델에서는 반사회성 성격장애자들에게 폭력을 유발할 수 있는 상황에 대한 대안적인 견해를 갖도록 가르치고 있다. 이와 관련하여 실생활에서 경험하는 분노 사건과 상상 속의 분노 장면에서 겪게 되는 분노감의 생성과 관련된 내적인 언어자기말를 검색하고, 이를 현실적으로 수정하는 연습을 하도록 한다.

이런 인지적 치료는 귀인치료 모델의 기본적인 입장과도

일맥 상통한다. 예컨대, 분노감을 유발시키는 타인의 행동이 자신에게만 향한 것이 아니라 주변에 있는 다른 사람에게도 동일하게 향한 것이라고 해석된다면 분노감의 정도가 현저하게 줄어들 수 있을 것이다. 엘리스Ellis의 합리적 정서치료에서 주장하는 비합리적인 신념의 교정도 치료적 전략으로 사용될 수 있다. 아무튼 폭력적인 행동의 교정에는 행동 자체뿐 아니라 행동과 밀접하게 관련되어 있는 인지적 요소를 변화시키는 것이 필수적이라고 할 수 있다.

4) 대인관계 심리치료

벤저민Benjamin과 같은 대인관계 심리치료자는 반사회성 성격장애에 대한 치료에 관심을 보여 왔다. 대인관계적 접근에서는 반사회성 성격장애자들이 치료에 협력할 수 있고, 자신의 부적응적인 패턴과 그 뿌리를 알며, 이러한 패턴이 지속되는 것을 막고 변화하려고 하는 의지를 높여 새로운 패턴을 효과적으로 익힐 수 있도록 고무시키는 것을 목표로 한다. 벤저민은 개인 심리치료만으로는 치료 효과를 거두기 어려우며 환경치료와 같은 다른 치료 양식과 결합할 때 성공적인 치료가 가능하다고 보았다.

치료를 위한 협력 단계에서 목표는 정서적인 유대를 형성하고 어느 정도의 상호의존이 가능하도록 하는 것이다. 사실 치료에 협력한다는 것은 강제로 되는 것이 아니다. 반사회성 성격장애자들은 타인과 협력하는 것 자체에 거부감을 가지고 있는 경우가 많으므로 치료적 협력 단계 자체가 이루어지기 힘들다. 치료적 협력을 위한 한 가지 방법은 환자가 좋아하는 스타나 스포츠 영웅 등을 활용하여 이들이 사회적으로 허용되는 행동양식을 습득하는 모델로 만드는 것이다.

일단 정서적인 유대와 상호의존이 형성되면 다음 단계로 반사회성 성격장애자들이 지니고 있는 고유 패턴을 인식하도록 도와주는 단계로 이어진다. 즉, 이들이 남을 이용하려는 삶의 양식과 폭력적인 행동 패턴이 얼마나 자기파괴적인 속성을 지니고 있는지를 이해하고 인정하도록 도와주는 것이다. 이들은 일단 자기가 선택한 삶의 방식이 타인과 자기 자신에게 아무런 이득을 주지 않는 파괴적인 패턴임을 인식하고 나면 자기관리 기술이나 사회적 기술 훈련(예: 자립, 만족의 지연, 타인에 대한 공감 등)을 필요로 하게 된다.

5) 집단심리치료

반사회성 성격장애 환자에게는 구조화된 집단치료가 매우 효과적이다. 개방적이고 탐색적이며 비지시적인 집단에서 이들 환자들은 집단의 분위기를 해치고 생산적인 집단 풍토를 형성하는 데 커다란 훼방꾼 노릇을 하여 결국 집단을 망치게 되는 경우가 많다. 집단치료에는 심리교육적인 집단치료, 심리치료집단, 그리고 지지적인 집단치료 등 3가지가 활용될 수 있다.

심리교육적인 집단의 경우, 치료자는 훈육적이고 교육적인 태도를 취하며 집단의 진행을 주도한다. 집단에서 다룰 내용이나 과제들은 미리 정해져 있으며, 어떤 환자들이 참여할지 여부도 사전에 결정된다. 집단의 회기도 미리 정해져 있으며 대개 1주일에 한 번, 90분의 치료시간을 갖는 것이 보통이다.

심리치료집단은 심리교육집단에 비해 덜 구조화되어 있는 집단상담이다. 하지만 심리치료집단에서도 반사회성 성격장애와 관련이 있는 핵심적인 주제들을 다루게 된다. 내담자의 선발은 치료자가 결정하며, 집단에서 다루는 내용과 집단의 운영 과정에 대한 책임도 일단은 치료자에게 부여된다.

심리치료집단은 장기적인 경우가 많으며, 일주일에 1회 90분 동안 진행된다. 대개는 9명에서 10명 정도의 집단원으로 인원이 제한된다. 10명의 반사회성 성격장애자들을 다룬다는 것은 만만치 않은 일이므로 보조 치료자를 두는 것이 좋다. 치료자가 2명이면 집단의 리더에 대한 공격 가능성을 줄이는 데 도움이 된다. 대개 한 명의 리더가 집단을 맡게 될 경우에는 집단원으로부터 소외의 표적이 되기 쉬우며 공격을 당할 위험이 높다.

지지적인 집단은 집중적인 입원치료나 외래 집단치료 경험이 있는 반사회성 성격장애자들에게 도움이 된다. 이 집단은 자조집단 모델에 기반을 두고 있지만 기본적으로는 치료자가 이끌어 나간다. 주요 치료 목표는 재발을 방지하고 또래집단의 지지를 형성시키는 것이다.

6) 가족치료와 부부치료

반사회성 성격장애에 대한 가족치료에 관한 연구들은 많지만 대개는 비행 청소년에 대한 것이다. 단기간의 가족치료가 비행 청소년의 치료에 효과적이라는 연구들이 있다. 반사회성 성격장애 환자들은 좀처럼 치료에 대한 동기가 없고 가족치료를 거부하는 경향이 있지만, 치료자가 환자 가족과 배우자를 치료에 개입시킬 수만 있다면 치료적 변화가 이루어질 가능성은 그만큼 높아진다.

반사회성 성격장애자들은 어려운 문제나 불안을 일으키는 문제에 직면하게 되면 외래치료를 조기에 포기하는 경우가 많다. 따라서 치료자는 환자들에게 치료적 지렛대 역할을 해 주어 일관성 있는 치료적 동맹을 형성하고 치료 초기에 가족과 긴밀한 연결을 맺는 것이 필요하다.

치료의 주된 목표는 가족 구성원들이 환자에게 어떤 제한을 두도록 돕는 것이며, 부부치료의 경우 배우자가 그렇게 할 수 있도록 돕는 것이다. 대개의 경우 반사회성 성격장애자의 가족들은 환자의 반사회적 행동의 의미를 축소시키려 하거나 무시하고 비일관적인 반응을 보임으로써 환자의 행동을 수정하는 데 방해가 되는 경우가 많다. 하지만 가족이나 배우자가 일관적으로 환자에게 제한을 가함으로써 환자의 병리적인 행동이 감소하면, 대개는 환자의 문제가 우울과 같은 치료 가능한 증상으로 변하는 경우가 있다. 이는 환자가 변화하기 시작한다는 징표가 되며, 파괴적인 행동을 중단하겠다는 동기가 더 많아졌음을 시사하는 징후다. 즉, 가족치료가 진행되면서 파괴적인 의사소통 패턴이 점차 변하게 된다.

7) 약물치료

반사회성 성격장애 자체에 적합한 약물치료는 아직까지 보고되지 않았다. 임상 연구에 따르면 벤조다이아제핀과 항정신병 약물이 약간의 효과가 있다고 하지만 일관된 결과는 나타나지 않고 있다.

메틸페니데이트리탈린나 페몰린과 같은 약물이 주의력 결핍

장애 증상을 지닌 반사회성 성격장애자에게 효과가 있다는 상
당히 고무적인 보고가 있지만 통제집단을 둔 연구가 아니라는
제한점이 있다.

리튬 카보나이트는 충동적이고 폭력적인 성향이 있으며 감
정의 기복이 심한 반사회성 성격장애자들을 다루는 데 도움이
된다고 한다. 하지만 대부분의 반사회성 성격장애 환자는 약
물의 부작용을 잘 견디지 못하며 의사의 처방이나 지시에 잘
따르지 않는다는 데 어려움이 있다. 그럼에도 불구하고 리튬
반응성 질환의 가족력이 있거나 공격적인 환자들에게 리튬 처
방이 매우 효과가 있다는 보고도 있다. 한편, 프로프라놀롤과
같은 베타 억제제들이 공격적인 경향을 다루는 데 유용하다는
보고도 있다.

신경전달물질인 세로토닌의 활동수준을 바꾸어 줌으로써
충동적인 행동을 줄일 수 있다는 연구 결과도 있다. 반사회성
성격장애 환자에게 4번의 프로작 투약으로 효과를 보았다는
보고가 있으며, 한 번의 졸로프트 투약으로 공격성과 충동성
에 효과가 있었다는 보고도 있다.

8) 통합적인 치료 접근

반사회성 성격장애는 치료하기 어렵다는 많은 견해에도 불

구하고, 조심스럽게 이들을 치료할 수 있다는 낙관적인 입장을 보이는 사람들도 있다. 여러 가지 치료 방법이 결합되어 다양한 치료가 행해지고, 환자 개인의 요구와 환경에 걸맞는 잘 맞추어진 치료가 도입된다면 치료 효과를 거둘 수 있다는 것이다.

무엇보다도 반사회성 성격장애 환자 치료와 관련된 가장 큰 변인은 시간 그 자체다. 대다수의 반사회성 성격장애자는 반사회적인 행동의 강도가 나이가 들어감에 따라 약해지는 것이 일반적이다. 이는 개인적, 사회적, 법적 그리고 경제적인 이유가 총제적으로 집약되어 나타나는 결과라고 이해할 수 있다.

그 다음으로 강력한 치료 방법은 전문적이고 통합적인 치료 방법을 적용하는 것이다. 치료 공동체를 만든다거나, 반사회성 성격장애 환자모임 프로그램을 도입하는 것이다. 이들 공동체나 프로그램은 환자들에게 엄격한 제한을 가하고, 구조화된 작업 프로그램을 이용하며, 또래집단 작업을 한다.

경계선 성격장애와 마찬가지로 반사회성 성격장애에 대한 치료에서도 약물치료만으로는 치료적 성과를 거두기 어렵다는 사실에 대부분 동의한다. 우선은 심리치료를 시작하고, 약물치료는 충동성, 공격성, 폭력과 같은 특정한 목표 증상에 한정지어 사용하는 것이 바람직하다.

　많은 경우, 치료를 오랫동안 질질 끄는 경향이 있다. 왜냐하면 치료를 지속하고자 하는 환자의 의지나 능력이 부족해서 간헐적으로 치료를 받기 때문이다. 어떤 경우든 치료자는 환자에게 엄격한 제한을 두면서도 환자와 치료적 동맹을 형성하려는 시도를 계속해야 한다. 환자에 대한 심리교육도 필요하다. 개인치료, 집단치료, 가족치료, 행동치료, 심리교육, 약물치료 등 다양한 치료 방법을 통해 환자가 스스로 자신을 통제하고 만족을 지연시킬 수 있도록 가르치는 것이 필요하다. 비록 이러한 치료 방법을 실행하기에는 많은 어려움이 있지만, 반사회성 성격장애 환자들의 삶을 변화시키고 행동을 조절하는 데 크게 기여할 것이다. ◆

4. 입원치료

1) 입원치료의 문제점

많은 자료에 의하면 매우 심한 반사회적 행동을 보이는 환자들은 외래치료로 별로 도움을 받지 못하는 것 같다. 따라서 이들을 조금이라도 호전시키기 위해서는 수용을 하거나 입원시켜서 치료하는 환경이 필요하다. 우선, 24시간 통제할 수 있는 환경조건이 되어 있는 곳에서 치료를 시작하여야 한다. 자신의 충동을 방출하기 위한 행동의 출구를 가지고 있는 한 행동지향적인 환자의 감정 상태에 접근할 방법은 없다. 치료진은 이들이 입원으로 인하여 행동을 마음대로 할 수 없는 경우에 불안이나 공허감 같은 감정들을 표현하는 것을 볼 수 있게 될 것이다.

여러 종류의 환자가 함께 있는 정신과 병동에 반사회성 환자를 입원시키면 대개는 곧 후회하게 된다. 이들의 파괴적인 행동으로 인하여 다른 환자의 치료가 방해를 받게 되고 모든 치료계획을 망치게 될 수도 있기 때문이다. 이들은 치료진에게 거짓말을 하고 치료자를 조롱하며, 약을 숨기고, 술을 몰래 마시기도 하며, 치료 방침을 비웃으면서 마침내는 치료진이 부정직하고 불신에 찬 행동을 하도록 만들어 버린다. 심지어는 다른 환자들이 치료진과의 사이에 만들어 낸 치료동맹을 체계적으로 파괴해 버리기도 한다.

46세의 점원인 R은 집회 때마다 분위기를 엉망으로 만든다는 이유로 교회 목사에 의하여 강제로 입원하게 되었다. 그는 교회에 오는 여신도들을 유혹했고, 교인들의 신앙심에 도전하여 '믿음을 없애버리는 일'에 즐거움을 느꼈다.

이와 같은 행동은 병원에서도 나타났다. 그는 전체 병동 모임에서는 침묵을 지켰지만, 한 명 한 명에게 접촉하여 치료진을 험담하고 치료가 환자들에게 별 도움이 안 된다고 떠들고 다녔다. 그는 여성 환자와 여성 치료자를 성적 정복의 대상으로 보았으며, 성적 행동이 제지를 받자 다른 수단으로 여성들을 지배하고 모욕을 주려 했는데, 예를 들면 환자들에게 간호사와 여의사들이 등장하는 성에 관련된 야한 농담을 했다. 그는 치료진 모두를 경멸했다. 결국 입원치료는 그가 한 여성 환자와 탈출을 시도함으로써 끝났다.

그러나 그가 떠난 후로도 며칠 동안은 그의 영향이 병동 내에 남아 있었다. 환자들은 치료에 대하여 의심을 하였고, 그가 했던 말과 행동 때문에 그가 병동에서 사라지게 되었다는 의심이 병동 내에 만연해 있었던 것이다.

더욱 약고 지능이 높은 환자들은 병동 내에서 또 다른 형태의 문제들을 야기할 수도 있다. 그들은 병원이 감옥보다 편안하다는 것을 알기 때문에 자신이 치료를 받아 많이 나아졌다고 치료진을 속이기도 한다. 그들은 교묘한 방법으로 치료진에게 좋게 보여서 예상보다 빨리 퇴원을 하기도 한다. 그러나 입원 중 변화되었던 것으로 보였던 환자의 행동은 퇴원 후까지 계속 유지되지 않는다. 따라서 이들이 퇴원 후 반사회적 행동을 나타내면 치료자들은 속은 것에 대하여 분노를 느끼게 되는 것이다.

엄청난 양의 시간과 돈 그리고 에너지의 낭비를 피하기 위해 반사회성 성격장애 환자들을 정신과 병동에 입원시켜 볼 가치가 있는지를 먼저 결정하지 않으면 안 된다. 진짜 반사회성 성격장애자들은 마치 '닭장 안에 들어온 배고픈 여우'처럼 자신의 입원을 남을 이용하는 상황으로 변형시키는 재주를 가지고 있기 때문에 입원치료로 아무런 이득도 얻을 수 없으며,

따라서 이들을 일반 정신과 병동에 입원시키는 것은 의미가 없다는 의견이 여러 치료자에게 광범위한 공감을 얻고 있다. 형무소 같은 구조를 가진 병동, 비의학적인 공동거주 프로그램, 고립화 프로그램wilderness program 등 특수한 치료시설만이 이들 반사회성 성격장애 환자들에게 다소 나은 성과를 얻었으며 현재도 이들에 대한 유일한 희망으로 생각되고 있다.

메릴랜드나 덴마크의 특화된 수용시설에서는 환경 자체의 동질적 구성이 이들 치료의 촉진을 보여 주었다. 이 시설의 치료 프로그램들은 동료들에 의한 집단 직면을 위주로 하고 있다. 하지만 어떤 반사회성 성격장애자는 동료들의 예술에 가까운 범죄 기술을 배우거나, 혹은 직면을 계속하게 되면서 오히려 직면의 효과가 없어지고 만다. 이 프로그램들은 분명하고 복종을 강요하는 규칙들로 이루어진 엄격한 구조를 사용한다. 따라서 어떤 형태로든 규칙을 위반했을 때의 처벌은 환자의 타협 요구나 합리화를 허용하지 않고 즉각적으로 행해진다는 특징이 있다.

이러한 시설들을 이용하여 일단 환자의 생활에 제어가 가능해지고 환자들이 자신의 불쾌한 감정을 행동을 통하여 발산하는 평소의 방법을 차단할 수 있게 되면, 환자는 결국 불안과 공격성을 드러내게 될 것이다. 치료진은 병동구조 내에서 환자들의 모든 규칙파기 행위에 대하여 예견하고 지속적인 빈응을 보여 줌으로써 병동 체제를 압도하려는 환자들의 노력을 무력하게 만든다. 그러나 환자들은 귀찮은 느낌이 들면 곧바로 시설을 떠나려 하기 때문에 이러한 프로그램들은 법원이 치료를 위탁한 경우에만 가능할 것이다.

2) 입원치료 시 유의사항

치료진들은 개인적 측면이나 집단의 맥락에서 자신의 역전이 반응들을 주의 깊게 감시하여야 한다. 가장 흔한 3가지 반응은 불신, 결탁, 비난이다. 불신은 실제로 '환자가 그렇게 나쁘지만은 않다'는 부정의 형태로 표면에 나타날 수도 있다. 치료자는 환자의 반사회적 행동을 물질남용이나 사춘기의 반항 등의 문제 때문인 것으로 합리화하여 반사회적 증상의 존재를 부정하고, 그 대신 환자들이 우울하다는 등으로 잘못 이해하게 될 수도 있을 것이다.

결탁은 역전이의 가장 심각한 문제들 가운데 하나다. 입원치료 중인 반사회성 성격장애 환자들은 치료자 중 몇몇을 매수하곤 한다. 역전이적 행동화를 보이는 치료자들은 자신이 환자의 치료를 돕고 있다고 믿음으로써 불법적 행동을 하거나 비윤리적 행동을 할 수도 있다. 이러한 치료자들은 환자들의 행동이 자신의 책임이라고 생각하기도 하고, 기록을 조작하거나 환자에게 유혹되어 성관계를 갖기도 하며, 환자가 병원 밖으로 탈출하도록 돕기도 한다. 이러한 역전이의 발달은 환자의 자기self의 오염된 측면이 치료자에게로 들어와서 치료자의 행동을 변형시키는 역할을 하는 투사적 동일시 과정의 한 부분으로 이해될 수 있다. 이러한 역전이적 행동화에 관여하게 된 치료자는 "내가 평소와는 달리 행동하고 있었다."고 보고하기도 한다.

또 다른 형태의 역전이적 결탁은 '악성 가성동일시malignant pseudo-identification'의 결과로 나타난다. 반사회성 환자는 어떤 행동을 의식적으로 혹은 무의식적으로 흉내 냄으로써 희생자가 자신을 동일시하도록 만들어 결국 보다 더 쉽게 이용당하도록 만든다. 반사회성 환자는 가장된 눈물 또는 후회나 슬픔을 통하여 의사가 자신과 공감하도록 조종한다. 악성 가성동일시에 빠져 버린 치료자는 환자를 다른 치료진의 공격으로부터 철저하게 보호하려 할 것이다. 환자의 이러한 가장된 감정들은 환자가 슬픈 감정을 쏟아 낼 때 생기는 가학적 역전이 감정에 의해서, 그리고 이런 감정들이 눈에 띄게 빠른 회복을 보이는 것을 보고 있던 사람들이 한 편의 연극을 보고 있다는 인상을 갖게 됨으로써 알아낼 수 있다.

비난은 세 번째로 흔한 역전이 반응이다. 환자가 결코 치료될 수 없다거나 어떠한 노력을 기울이더라도 치료적 관계를 형성할 수 없다고 주장하는 치료자들의 표현에서 이 반응을 흔히 보게 된다. 치료자는 객관적 요인들을 평가함으로써 이렇게 결정적인 말을 할 수 있겠지만, 반사회적 활동의 개인력을 듣는 것만으로도 곧바로 그렇게 판단할 수 있다. 이러한 자동적 반응은 비슷한 환자들에 대한 치료자의 개인적 과거 경험에 근거하고 있으므로 좁은 의미의 역전이라고 할 수 있다. 환자와의 집중적 작업을 통하여 생겨난 비난은 환자의 공격적 함입물과의 투사적 동일시의 결과로 이해될 수도 있다.

반사회성 성격장애 환자의 치료에서 일어나는 또 다른 흔한 역전이 반응들로는 치료에 저항하는 환자들에 대한 절망감이나 치료자로서 자신이 무능력하다는 느낌, 또 분노를 불러일으킨 환자를 해치고자 하는 소망, 그리고 불신감과 주체성을 잃었다는 느낌 등이다.

환자들이 때로는 치료자를 위협하고 악의를 품기 때문에 치료자는 이들의 공격을 두려워하게 되는 수도 있다. 어떤 반사회성 성격장애 환자는 치료자를 단지 쳐다보는 것만으로도 치료자에게 강렬한 공포를 유발시킬 수도 있다. 치료자는 공격받을 것이라는 두려움 때문에 환자에게 그토록 절실한 엄격한 치료구조의 도입을 피해 버리기도 한다.

환자의 분노나 폭력을 자극하는 것을 피하기 위하여 치료자들은 자신의 구조가 느슨하다는 것과 환자가 멋대로 하는 것을 내버려 두고 있다는 것을 합리화하기도 한다. 예를 들어, 장기치료 병동에 입원하고 있는 근육질의 젊은 남자 환자는 다른 환자를 자주 구타하는데도 자유롭게 병원을 산책할 수 있었다. 그의 치료진은 환자의 부모들이 그랬던 것처럼 환자에게 처벌을 가하는 것은 옳지 못하다고 말하여 이러한 느슨한 구조를 정당화하였다.

반사회성 성격장애 환자의 입원치료의 중요한 측면은 환자의 잘못된 사고과정에 지속적으로 초점을 맞추어야 한다는 것이다. 이들이 자신의 행동에 대하여 책임을 져야 한다는 것 때문에 마치 자신이 희생자가 된 것 같은 자세를 취할 때, 치료자는 환자가 자신에게 일어난 일에 대하여 스스로 어떻게 책임을 져야 하는가를 직면시켜야 한다. 또 치료자들은 판단을 내릴 시점에서는 보조 자아로서 행동을 해야 한다. 따라서 치료자는 환자들이 자기 행동의 결과들을 예견하는 데 실패했다는 사실을 반복해서 지적해 주어야 한다.

반사회성 성격장애 환자는 충동을 바로 행동으로 옮기는 경향을 보인다. 따라서 병원의 치료자들은 충동과 행동 사이에 생각을 집어넣도록 환자들을 도와야 한다. 즉, 반사회성 성격장애 환자가 충동을 가질 때마다 치료자는 충동을 행동으로 옮기는 것이 어떠한 결과를 보이는지에 관하여 환자 스스로 생각해 보도록 격려해야 한다. 또한 환자들은 환경치료에서 충동과 행동이 감정으로부터 나온다는 사실을 배워야 한다. 감정의 언어란 환자들에게는 너무 낯선 것이어서 환자들이 자신의 내적 상태를 알지 못할 수도 있다.

이러한 모든 전략은 치료환경에서의 '지금 여기서'라는 현재 상황에 초점을 맞추고 있다. 이러한 문제들의 소아기적 근원을 밝힌다는 것은 반사회성 환자에게는 소용이 없는 경우가 많기 때문이다. 또 치료자를 매수하려는 시도는 바로 그 시점에서 환자에게 모두 직면시켜야 한다. 이러한 개입이 행동화가 일어난 직후 행해지지 않는다면 환자는 그것을 염두에 두지 않거나 잊어버리기 십상이다.

3) 입원치료의 성공 사례

다음은 치료가 가능한 반사회성 성격장애 환자의 성공적인 입원치료 사례다.

24세의 독신인 S는 코카인을 매매한 죄로 형무소에 갇혀 있다가 풀려난 직후 장기치료 병동에 입원하게 되었다. 입원이 가석방의 조건은 아니었으나 S는 자진하여 입원을 하고자 하였다. S는 물질남용을 중지하고 성공할 기회를 파괴하는 행동을 멈추기 위해서는 생활방식을 바꿀 필요가 있다고 말하였다.

코카인을 매매하고 남용하였던 병력 외에도 S는 거짓말을 하여 남을 속이며 훔치고, 무허가로 건물 중개를 하는 등 다양한 반사회적 행동을 보여 왔다. 환자의 대상관계는 남을 이용하고 조종하는 양상을 특징으로 하였다. 이처럼 좋지 않게 들리는 병력에도 불구하고 S는 자신의 파괴적 행동에 대하여 진실로 불안을 경험하였고, 이를 변화시킬 동기를 가지고 있었다. 더욱이 그는 병원에 입원하라는 강제적 명령을 받은 것이 아니었기 때문에 이번 입원이 그가 나아질 좋은 기회로 여겨졌다. S에게는 반사회적 양상을 띤 자기애성 성격장애라는 진단을 내릴 수 있다.

S에 대한 치료계획은 환자와 치료진 간의 치료계약에 대한 전적인 동의에 기초하였다. 이 계약은 S가 충분히 치료되기 위해서는 특수한 구조에 들어와야 한다고 규정하였다. 이 구조는 입원 후 첫 4개월 동안 병동 밖에서의 환자의 모든 활동과 약속에 치료자가 동반한다는 것, 전화는 모두 치료진에 의하여 감시받는다는 것, 일주일에 25불만 쓰고 신용카드는 사용하지 않는다는 것, 친구 방문 사절, 다른 환자와의 성행동 금지, 물질남용 금지, 그리고 이 구조 자체에 대하여 협상하지 않는다는 등의 내용으로 구성되어 있었다. 이처럼 여러 가지 충동의 돌파구를 없앰으로써 치료자는

환자가 자신의 불안과 내적 공허감을 행동화를 통하여 방출하기보다는 오히려 이를 직접적으로 다루도록 강요하였다.

S는 이 구조가 엄청나게 힘이 들고 제한이 너무 많다는 것을 알았지만, 이것이 필요하다는 것을 인식하고 있는 듯하였다. S는 자신이 병동 내의 관계에서 일어나는 여러 가지 문제에 대하여 외부로 탓을 돌리는 경향이 있음을 치료자들에 의하여 반복해서 지적받지 않으면 안 되었다. 치료자들은 S에게 S가 타인들의 영향 아래에 있는 수동적인 희생자가 아니라 오히려 병동 안에서 다른 사람들과의 관계에서 일어나는 문제들에 능동적으로 기여를 하고 있다는 사실을 지적하였다. 그는 잘생기고 매력적인 청년이었고 많은 여성 환자를 유혹하는 행동을 하면서도 자신이 모든 여성을 다 만족시킬 수 없을 것이라고 불만을 터뜨리곤 하였다.

또한 S는 이 치료구조를 평가절하하였으며, 이것은 우스꽝스러운 짓이고 자신은 이러한 제한을 필요로 하는 것이 아니라고 드러내 놓고 말하였다. 그는 자기가 매우 잔인하고 극도로 가학적인 치료진에 의하여 희생을 당하고 있다고 표현함으로써 주위의 다른 환자들로부터 동정을 불러일으켰다. 의사들은 병동 내의 집단활동을 통하여 환자의 조종하려는 의도를 다루고자 하였다.

집단모임 시간에 S는 자기 스스로가 병력상 이러한 견고

한 구조를 필요로 하는, 남을 조종하려는 환자라기보다는 희생자로 보이고자 노력하고 있다는 것에 직면하게 되었다. S가 자신의 반사회적 행동에 대하여 말하지 않으려 하였기 때문에, 치료자가 S의 입원 이유를 S와 다른 환자들에게 상기시키지 않으면 안 되었다. 그러자 S는 자신의 악한 자기는 병원 밖에 두고 왔고 선한 자기만을 병원에 가지고 왔다는 식으로 의식적 분열을 시도하였다. 그는 자신의 반사회적 행동들을 단지 과거일 뿐이라는 식으로 최소화하려는 시도를 계속하였다. 한편, 치료진은 그가 여러 가지 반사회적 행동을 실제로 행하였으며 여전히 그런 행동을 할 가능성이 있다는 현실에 S를 직면시켰다. 따라서 S의 분열기법은 도전을 받았고, S는 선한 자기와 악한 자기를 모두 드러내지 않으면 안 되었다.

치료 초기에 S는 코카인을 공급해 줄 수 있는 친구에게 몇 차례 전화를 걸어 치료구조를 파괴하였다. 이때마다 치료자는 일방적으로 산책을 중단시키는 등 즉각적으로 더 많은 제약을 가하였다. 또 S는 편지 안에 약물이나 금지된 물품이 없음을 증명하기 위하여 우편물을 모두 치료자에게 공개하여야 했다.

한번은 S가 자신에게 매력을 느끼고 있던 한 여성 치료자를 조종하여 돈을 빌려 콜라를 산 일이 있었다. 그는 콜라를

산 후 그녀에게 거스름돈을 돌려주지 않았다. 여성 치료자는 슈퍼바이저와의 모임에서 자신의 역전이 행동화를 다루었고, S도 집단치료 모임에서 자신의 행동에 대해 직면하게 되었다. S는 몇 푼도 안 되는 돈에 대하여 이런 일을 당한다는 것이 얼마나 우스꽝스러운 일이냐고 장황하게 이야기하였다. 그리고 그는 거스름돈을 돌려주려 하였지만 그만 잊어버린 것일 뿐이라고 말하였다. 하지만 치료진은 그의 이러한 축소화와 부정을 직면시켰고, 비록 작지만 병원 밖에서 환자의 행동이 재연될 것이라는 사실을 지적하였다.

수개월에 걸쳐 S는 점차 심리적으로 자신을 보게 되었다. 치료자의 직면에 대하여 방어적이거나 자동적으로 반응하지 않고 그에 대하여 반성할 능력을 보이기 시작한 후 S는 일주일에 2번씩 정신치료를 받도록 의뢰되었다.

그의 많은 여성 상대자 중 하나가 S의 관심을 동시에 여러 다른 여성 환자와 나누어야 했던 것을 참을 수 없어 자살을 시도한 것이 하나의 전환점이 되었다. 이때 S는 여성들을 단지 이용만 하고 있는 자신의 관계방식이 매우 파괴적일 수 있다는 사실을 인식하게 되었다. 또한 그는 결국 자신이 다른 사람들에게 공감하지 못하고 자신의 필요를 만족시키기 위하여 여성들을 이용만 하고 있었다는 것을 알게 되었다.

18개월 후 병원을 떠나게 되었을 때 S는 어떻게 해서 내적 불안이 자신을 물질남용으로 이끌게 되었으며, 불안을 감소시킬 목적으로 다른 충동적 행동들을 하게 되었는지를 다른 사람들과 함께 나눌 수 있게 되었다. 특히 그는 여성들에 의하여 거부되고 유기될 것에 대하여 극도로 염려하였으며, 그래서 이러한 위험성을 감소시키기 위하여 한 번에 여러 관계를 유지할 수밖에 없었다는 사실을 알게 되었다. 그는 이러한 조종을 '보조 바퀴spare tire' 전략이라고 불렀다.

퇴원 후에도 S는 정신치료를 계속 받았고 마약중독자 모임에도 참가하였다. 입원치료를 담당하였던 정신과 의사와의 마지막 만남에서는 이번 입원치료에서 생애 처음으로 자신이 진실로 이해받고 있다는 느낌을 받았다고 하였다. "선생님들은 내가 어떤 면에서 뛰어난 사기꾼인가를 알고 있었어요."라고 그는 표현하였다.

4년 동안의 추적조사에서 S는 코카인을 포함한 어떤 약물도 사용하고 있지 않았고, 한 사업체에 전속되어 일하고 있었다. 그는 주식시장에서 아주 활동적으로 일하였으며, 이 일을 통하여 쾌감을 추구하고 위험을 즐기는 자신의 성격적 경향을 적법하고 사회적으로 인정되는 방법으로 승화시킬 수 있었다.

  S는 입원치료를 받는 반사회성 성격장애 환자들 사례에서
도 특이한 경우다. 많은 환자는 고통을 견디지 못하고 치료를
포기해 버리지만, 아주 작은 소집단의 환자들은 장기입원으
로 효과를 볼 수 있다. 경계선 성격장애 환자에게처럼 환경요
법을 병용함으로써 반사회성 성격장애 환자들에게 대상관계
의 새로운 양상을 내재화할 기회를 제공할 수 있다. S가 호전
된 한 가지 이유는 자신의 공격적인 자기표상과 대상표상을
누그러뜨리고 변형시킬 수 있었다는 데 있다. 그러나 엄청난
대가를 치러야 하는 집중적 치료 노력이 치료를 오용하고, 이
치료가 효과를 볼 수 없는 환자들에게까지 낭비되어서는 안
된다는 것을 분명히 해 둘 필요가 있다. ◆

5. 부모교육

앞에서 보았듯이, 반사회성 성격장애자들을 치료하는 것은 무척 힘든 일이다. 거의 불가능하다고도 말할 수 있을 것이다. 사회화되지 못한 채 자라고 있는 많은 젊은이로 인해 사회적인 문제들이 발생하고 있는데, 이러한 문제를 해결하는 것은 어렵고도 비용이 많이 드는 일이다. 이 문제를 해결하는 핵심은 무능력하고 무관심하고 비사회화된 부모에게서 양육되는 아이들의 숫자를 줄여 가는 것이다. 그래서 반사회성 성격장애자들을 직접 치료하는 것보다는 앞으로 생기지 않도록 미리 예방하는 것이 더 실현 가능한 일일지도 모른다. 부모교육, 대안적 양육환경 그리고 부모자격증이 그 방법이 될 수 있을 것이다.

부모교육은 자녀들을 성공적으로 기르고 싶은 마음은 있지만 그러한 방법을 모르거나 그러한 자원이 없어서 고민하는 부모들을 교육하는 것이다. 자녀의 연령별, 성장 단계별로 올바른 지도와 교육을 할 수 있도록 부모교육을 강화하는 것이다. 이것은 다른 어떤 방법보다 효과적일 수 있다. 부모들이 먼저 변화하여 아이들에게 다른 환경을 만들어 준다면 그 효과는 대단히 클 것이다.

부모가 아이들에게 효과적인 도움을 줄 수 있도록 교육할 수 없는 경우에는 아이들에게 대안적인 양육환경을 제공해 줄 수 있다. 양부모나 사회사업가, 기숙사와 같은 제도 또는 낮에 아이들을 돌봐 주는 시설 등에서 대안적인 양육환경을 제공할 수 있을 것이다.

부모는 아이들에게 큰 영향을 미치기 때문에, 결혼하기 전에 바른 부모가 될 수 있는 사람에게 자격증을 주게 된다면 훨씬 더 많은 상황을 통제할 수 있을 것이다. 그렇게 되면 결혼할 수 있는 사람은 얼마나 될까? 아마 실현되기는 힘들겠지만 생각해 볼 수 있는 방법 중 하나다. ◆

참고문헌

이정태 역(1996). Glen O. Gabbard의 역동정신의학. 서울: 하나의학사.

American Psychiatric Association (1994). Diagnotic and Statistical manual of mental disorders (4th ed.). Arlington, VA: American Psychiatric Association.

American Psychiatric Association (2013). Diagnotic and Statistical manual of mental disorders (5th ed.). Arlington, VA: American Psychiatric Association.

Alloy, L. B., Acocella, J. M., & Bootzin, R. R. (1996). *Abnormal psychology* (7th ed). Columbus, OH: Mcgraw-Hill.

Davison, G. C., & Neale, J. M. (1996). *Abnormal psychology.* Hoboken, NJ: John Wiley & Sons.

Lykken, D. T. (1995). *The antisocial personalities.* Minneapolis, MN: University of Minnesota.

Marle, H. V. (Ed.) (1997). *Challenges in forensic psychotherapy.* London: Jessica Kingsley Pub.

Spitzer, R. L., et al. (Ed.) (1994). *DSM-IV casebook.* Washington, London: American Psychiatric Press.

찾아보기

《내 용》

◎ 저자 소개

신희천(Heecheon Shin)
서울대학교 심리학과를 졸업하고 동 대학원에서 상담심리학 전공으로 석사학위와 박사학위를 받았다. 한국심리학회 공인 상담심리전문가이며, 현재 아주대학교 심리학과 상담전공 교수로 재직 중이다. 치료적 관계에 관한 논문과 인간중심 치료에 관한 공동 저서가 있다.

신은향(Eunhyang Shin)
서울대학교 심리학과를 졸업하고 동 대학원에서 상담심리학 전공으로 석사학위를 받았다. 서울대학교 학생생활연구소와 한국청소년상담원에서 상담연구원으로 활동하였으며, 현재 캐나다 토론토 대학교에서 목회신학 박사과정 중에 있다.

ABNORMAL PSYCHOLOGY 19

반사회성 성격장애 공격적이고 폭력적인 그들

Antisocial Personality Disorder

2017년 1월 25일 2판 1쇄 발행
2021년 1월 20일 2판 2쇄 발행

지은이 • 신희천 · 신은향
펴낸이 • 김 진 환
펴낸곳 • (주)**학지사**

　　　　04031 서울특별시 마포구 양화로 15길 20 마인드월드빌딩 5층

대표전화 • 02) 330-5114　　팩스 • 02) 324-2345

등록번호 • 제313-2006-000265호

홈페이지 • http://www.hakjisa.co.kr
페이스북 • https://www.facebook.com/hakjisabook

ISBN 978-89-997-1019-3 94180
　　　978-89-997-1000-1 (set)

정가 **9,500**원

이 도서의 국립중앙도서관 출판 시 도서목록(CIP)은 서지정보유통지
원시스템 홈페이지(http://seoji.nl.go.kr)와 국가자료공동목록 시스템
(http://www.nl.go.kr/kolisnet)에서 이용하실 수 있습니다.
(CIP제어번호: CIP2017001031)

출판 • 교육 • 미디어기업 **학지사**

간호보건의학출판 **학지사메디컬** www.hakjisamd.co.kr
심리검사연구소 **인싸이트** www.inpsyt.co.kr
학술논문서비스 **뉴논문** www.newnonmun.com
원격교육연수원 **카운피아** www.counpia.com